KB216676

선시로 보는 무문관

선시로 보는 무문관

석지현 :: 역주 해설

민족사

머리말

:

선(禪)으로 들어가는 지름길은 공안의 탐구[참구]다. 공안이란 선 수행자들 사이에서 오가는 일종의 암호 같은 말이다. 이 공안의 암호를 해독하기 위해서는 그 해독법을 익혀야 하는데, 공안 해독방법을 간결하게 서술해 놓은 책이 『무문관』이다. 그래서 『무문관』은 선 수행의 길잡이로서 선 수행자들 사이에서 필독서의 하나로 읽혀 오고 있다. 『무문관』은 『벽암록』과 『종용록』 뒤에 나온 책이지만 이 『무문관』을 공부하지 않고는 『벽암록』과 『종용록』 공부가 쉽지 않을 것이다. 물론 선 수행은 이론이 아니라 몸소 실천[실참실구]하는 것이다. 실천을 전제로 해서만이 이론은 그 존재 이유가 있는 것이다.

그러나 사전 예비지식도 없이 무작정 산을 올라갈 수는 없다. 낯선 산을 오르기 위해서는 그 산에 대한 사전 정보가 있어야 한다. 선 수행의 사전 정보는 『무문관』을 통해서 얻을 수 있다. 그리고 이제부터는 본격적으로 전문 등산인이 되기 위해서 공안 탐구의 백미 격인『벽암록』과『종용록』을 읽어야 한다. 여기에『임제록』까지 곁들인다면 더할 나위가 없다. 이렇게 이론과 실천을 겸비하게 되면 이제는 두려울 게 없다.

　남은 문제는 꾸준히 곧은 마음으로 가는 것[精進]이다. 저 개울이 끊임없이 흐르듯 그렇게 가는 것이다. 너무 서두르지도 말고 느리지도 않게 자신의 정도[根機]에 맞게 가는 것이다. 수행과정에서 의문 나는 점이 있거나 막히게 되면『임제록』,『무문관』 등을 보기 바란다.『무문관』 48칙 공안 가운데 느낌이 오는 공안 하나를 택하여 줄기차게 탐구해 가야 한다. 공안의 탐구 방법은『무문관』 48칙 각 공안의 해설을 보기 바란다. 일반적으로 가장 많이 거론되고 있는 공안은 무(無)자 공안이지만 어느 공안을 탐구해도 마찬가지이다. 모든 공안은 결국 하나로 통하기 때문이다. 그리하여 '한 곳이 뚫리면 천 곳, 만 곳이 일시에 뚫리게 된다(一處透 千處萬處一時透,『벽암록』).'

　그리고 주(註, 원문의 주해)는 원문의 하단에 작은 글자로 표시했다. 이 번역 주해본『무문관』의 체제는 원문, 주, 번역, 해설 순서로 배열했다. 원문인 한문의 독해가 어려운 이는 우선 번역과 해설을 보기 바란다. 이 두 가지만으로도 요점은 파악될 것이다. 그러나 원문의 생동감 넘치는 극적인 순간들을 실감하고자 한다면 원문 속으로 직접 들어가야 한다. 성급하게 마음먹지 말고 주(註)를 보면서 한 줄 한 줄 원문 해독을 해나가다 보면 어느덧 숲의 깊은 곳까지 들어왔다는 것을 알게 될 것이다.

번역, 특히 속어체의 선문(禪文) 번역은 아무래도 원문의 맛을 전부 살려낼 수가 없다. 번역은 되도록 간단명료하게 옮기려고 했으며 해설은 평이하게, 주(註)는 짧게 처리하는 것을 원칙으로 했다.

2022년 10월 31일 밤 상명원(上命院)에서

석지현 씀

목차

:

無門關 해설

1. 저자 무문혜개(無門慧開)

　무문혜개(이하 무문)는 남송(南宋) 순희(淳熙) 9년(1182) 중국 항주 전당(錢塘)의 양저(良渚)에서 태어났다. 천룡굉(天龍肱) 화상에게 출가한 다음 스승을 찾아 중국 천하를 행각했다.

　조주의 무(無)자 공안을 참구하다가 큰 의문[大疑團]에 봉착, 평강(平江) 만수사(萬壽寺)의 월림사관(月林師觀)을 찾아가서 6년 동안 무자 공안을 참구하며 정진 끝에 어느 날 문득 점심공양을 알리는 북소리를 듣고 깨달았는데, 다음과 같은 오도송(悟道頌)을 지었다.

　　대낮에 느닷없는 우렛소리여,
　　온 누리 중생들의 눈이 열리네.
　　삼라만상이 모두 고개 숙여 절하나니
　　수미산은 덩실덩실 춤추고 있네.

靑天白日一聲雷　大地群生眼豁開
萬象森羅齊稽首　須彌踍跳三台舞

이렇게 하여 월림사관의 법(法)을 이었는데 이때가 36세(1218)였다. 그 후 무문은 안길산(安吉山) 보은사(報恩寺) 등 여러 곳에서 수행자들을 지도했다. 1246년 무문이 호국 인왕사(仁王寺)에서 수행자들을 지도할 때 일본에 『무문관』을 가져간 심지각심(心地覺心)도 여기서 공부했다.

무문은 평소 자신의 외모에 별로 신경을 쓰지 않았는데 『증집속전등록(增集續傳燈錄)』에는 무문의 모습을 이렇게 묘사하고 있다.

"몸은 비쩍 말랐으며 말에 수식이 없었다. 더벅머리에 함부로 자란 수염이 있었으며 언제나 다 떨어진 누더기 옷을 입고 있었다. (이런 그의 모습은) 선승이라기보다는 차라리 은자(隱者)나 도자(道者) 같은 풍모였다."

말년에는 항주 서호(西湖) 가에 은거했는데 수행자들이 구름같이 모여들었다. 경정 원년(景定 元年, 1260) 4월 78세로 입적했는데, 다음과 같은 임종게를 남겼다.

허공은 나지도 않고
허공은 멸하지도 않나니
허공을 증득하면
허공과 다를 바 없네.
虛空不生　虛空不滅
虛空證得　虛空無別

2. 『무문관』 성립의 전후 사정

『무문관』은 소정 개원(紹定改元, 1228) 7월 10일에 완성됐으며 다음 해(1229) 1월 5일 이종(理宗) 황제 탄신일에 출간됐다. 순우(淳祐) 5년 (1245) 맹공(孟珙)의 발문을 붙여 재간(再刊)됐으며, 그다음 해(1246)에 안만(安晚)의 발문을 덧붙여 삼간(三刊) 되었다.

『무문관』 출간은 『벽암록』이 나온 지 101년 후요, 『종용록』이 나온 지 4년 후인데, 『벽암록』의 복간(復刊)은 『무문관』 간행 70년 후가 된다.

이때의 정치 상황은 어떠했는가? 1226년 금군(金軍)은 송(宋)나라 수도 개봉(開封)을 점령, 북송(北宋)은 제9대 흠종(欽宗)을 마지막으로 167년 만에 멸망해 버렸다(1127년 4월). 흠종은 고관 대신 1,000여 명과 함께 금(金)나라로 잡혀갔는데, 이때 흠종의 동생 강왕(康王)이 탈출, 남경 응천부(南京 應天府, 지금의 河南城 商丘市)에서 남송(南宋)의 초대 황제 고종(高宗)으로 즉위(建炎 1년, 1127년 5월)하면서 남송이 시작되었다.[1] 이때가 『무문관』 성립 103년 전이다.

묵조선의 거장 천동정각(天童正覺, 1091~1157)과 간화선의 제창자인 대혜종고(大慧宗杲, 1089~1163)가 활약하던 시기도 바로 이 무렵이었다. 그리고 곧이어서 만송행수(萬松行秀, 1166~1246)가 출현하여 『종용록』을 완성했다.

그 당시 사상계에서도 적지 않은 지각 변동이 있었는데, 신유학의

---

1   5년 후(紹興 1년, 1132년) 남송은 수도를 임안(臨安, 지금의 항주)으로 옮겼다.

양대학파인 이학(理學)을 완성한 주자(朱子, 1130~1200)와 심학(心學)을 세운 육상산(陸象山, 1139~1193)의 생존기도 바로 이때였다.

주자와 육상산은 그들의 사상체계를 수립하는 과정에서 선불교(禪佛敎)의 영향을 강하게 받았다. 그러면서 동시에 그들은 선불교의 현실도피적인 면과 비실용적인 면을 날카롭게 비판했다. 이런 와중에서 무문은 작가종사로서 활동하며 수행자들을 지도했다.

일본학자 가토 토츠도[加藤咄堂]는 "『무문관』에서 무문의 문장이 건조하고 긴장감이 감도는 것은 바로 이 두 사람의 선(불교) 비판을 의식하고 있었기 때문이다."라고 했다.

3. 무문관의 사상 배경

무문은 조주(趙州), 운문(雲門), 오조법연(五祖法演), 대혜종고의 영향을 가장 많이 받았다. 조주의 무(無)자 공안 참구로 깨달음을 체험한 그는 무자 공안을 선종의 제1관문(간화선의 핵심 공안)으로 채택했으며『무문관』이라는 명칭도 이 무자 공안에서 유래됐다. 그래서『무문관』 48칙 가운데 무자 공안을 제외한 나머지 47칙을 이 무자 공안의 각기 다른 전개 과정으로 보는 견해[2]도 있다.

『무문관』에 제일 많이 나오는 공안은 조주의 공안 7칙(제1칙, 제7칙,

---

2   히라타 타가시[平田高士], 『無門關』(昭和 44년, 日本 筑摩書房, p.19)

제11칙, 제14칙, 제19칙, 제31칙, 제37칙)이다. 그다음으로는 운문의 공안 5칙(제15칙, 제16칙, 제21칙, 제39칙, 제48칙)이요, 세 번째로는 오조법연의 공안 4칙(제35칙, 제36칙, 제38칙, 제45칙)인데, 제38칙 우과창령(牛過窓櫺)은 오조록(五祖錄)에도 없는 공안이다. 아마 오조법연에서 4대 월림사관을 거쳐 무문으로 이어지는 법계(法系)에서 실내비사(室內祕事)로 구전(口傳)되어 전해진 이 공안이 무문에 의해서 문자로 기록된 것 같다(平田高士의 견해). 이것은 무문이 오조법연의 영향을 강하게 받았다는 증거라고 할 수 있다.

『무문관』에는 임제의 공안은 없지만 그러나 『무문관』의 평[拈] 도처에서 임제의 언구(言句)가 인용되고 있는데 중요한 것들은 다음이다. 제1칙 봉불살불 봉조살조(逢佛殺佛 逢祖殺祖), 제13칙 일붕괴뢰(一棚傀儡), 제25칙 날괴(捏怪), 제34칙 신불급(信不及), 제39칙 자구불료(自求不了), 제46칙 사(嗄), 제47칙 수처작주(隨處作主). 이로 미뤄 본다면 무문에게 있어서 임제의 영향 또한 무시할 수가 없다.

『무문관(無門關)』에서 강조하고 있는 무문의 선은 무엇인가? 전광석화와도 같은 직관지(直觀知)로 식정(識精)을 타파하는 것이다. 즉 당대(唐代)의 마조(馬祖), 백장(百丈), 남전(南泉), 조주(趙州)에게 근거를 두고 오조법연과 대혜종고의 간화선(무자 공안 참구) 전통을 그대로 계승하면서 무문은 『무문관』을 집필하고 있다. 말하자면 오조법연에 의해서 주목받기 시작하고 대혜종고에 와서 간화선의 기본 공안으로 채택된 무자 공안이 『무문관』에 와서는 간화선의 핵심 공안(『무문관』 제1칙)으로 정착된 셈이다.

『무문관』에는 『벽암록』이나 『종용록』에는 전혀 언급되지 않은 공안이 다수 수록되어 있는데, 예를 들면 앞서 이미 언급한 제35칙 천녀이혼(倩女離魂), 제38칙 우과창령(牛過窓櫺), 제20칙 대력양인(大力量人), 제8칙 해중조거(奚仲造車), 제4칙 호자무수(胡子無鬚) 등이 그것이다. 이 공안들은 무문과 동시대거나 무문보다 약간 앞선 시대 선승들의 공안인데 바로 이 점이『벽암록』,『종용록』과 다른 점이다.

그러면『벽암록』,『종용록』,『무문관』이 셋의 차이는 무엇인가?

첫째, 문장의 측면에서 본다면『벽암록』의 문장은 날카롭고 이지적이며『종용록』의 문장은 부드럽고 섬세하다. 반면『무문관』의 문장은 단도직입적이며 간결하다.

둘째, 체제의 측면에서 본다면『벽암록』은 고칙 공안(古則公案), 설두 송고(雪竇頌古), 원오극근의 수시(垂示), 착어(著語), 평창(評唱)으로 되어 있다.『종용록』은 고칙 공안, 천동 송고, 만송행수의 시중(示衆), 착어, 평창으로 되어 있다.『무문관』은 고칙공안, 무문 자신의 평(評, 拈)과 송고로 되어 있다.

셋째, 공안 선별 방식의 측면에서 본다면『벽암록』은 제1칙 달마의 공안으로부터 시작, 조사선(祖師禪)을 강조하고 있다.『종용록』은 제1칙 세존(世尊)의 공안으로부터 시작, 불조정전(佛祖正傳)의 정통선을 강조하고 있다. 반면『무문관』은 조주의 무자 공안으로부터 시작, 일정한 순서 없이 그냥 무작위로 공안을 뽑았는데 간화선(看話禪)을 강조하고 있다.

『무문관』에는『벽암록』과 동일한 공안이 다음의 4개밖에 없다. 제3칙 구지수지(俱胝竪指), 제14칙 남전참묘(南泉斬猫), 제15칙 동산삼돈(洞山三頓), 제32칙 외도문불(外道問佛).

그리고 무자 공안을 타파하고 난 다음에나 뚫을 수 있는 다음의 공안 다섯 개가 『무문관』에 고스란히 실려 있다. 제19칙 평상시도(平常是道), 제27칙 불시심불(不是心佛), 제30칙 즉심즉불(卽心卽佛), 제33칙 비심비불(非心非佛), 제34칙 지불시도(智不是道)가 그것인데, 이로 미뤄 본다면 『벽암록』과 『종용록』을 거쳐 『무문관』에 와서는 공안에 대한 탐구(참구)가 보다 섬세해졌다는 것을 알 수 있다.

4. 『무문관』의 영향

『무문관』이 출간되었을 때 『벽암록』 판본은 대혜종고에 의해서 소각되고 더 이상 유통되지 않았다. 『벽암록』 복간은 『무문관』 출간으로부터 70년 후인데, 지금 우리가 볼 수 있는 『벽암록』은 이때 복간된 장본(張本)이다. 그래서 『무문관』은 그 당시(남송 말기) 선승들이나 사대부들 사이에서 상당한 관심을 끌었던 것 같다.

그러나 당시의 정치 상황은 극도의 혼란기였다. 남송(南宋)이 망하고 원대(元代)가 되자 선은 뒤로 밀려나고 원나라의 적극적인 후원 아래 티베트 불교가 득세하기 시작했다. 이런 와중에서 『무문관』은 그 판본마저 유실되어 버리고 말았다. 그러나 무문의 제자인 일본 승려 심지각심(心地覺心)에 의해서 『무문관』은 일본으로 전해진 후 오산판(五山版, 1405)을 시작으로 일본에서 널리 유통되었다. 『무문관』이 일본에서 이렇게 유통된 데에는 다음의 두 가지 요인이 작용했다.

첫째, 일본의 입송구법승(入宋求法僧)들에 의해서 중국 선종의 모든 종파와 선 문화가 일본으로 유입, 오산문학(五山文學, 禪文學)이 탄생하면서 『무문관』에 대한 관심도 자연히 높아지기 시작했다.

둘째, 남송 말기의 정치적 혼란 속에서 상당수의 중국 선승들이 일본으로 건너가서 선종을 부흥시켰는데, 이 흐름에 편승하여 『무문관』에 대한 탐구도 자연히 상승기류를 타기 시작했다. 일본의 선종 24파를 세운 선승 24명 가운데 10명은 입송 구법을 했던 일본 선승들이며, 나머지 14명은 남송에서 일본으로 건너간 중국 선승들이었다. 반면, 우리나라에서는 『무문관』이 별로 유통되지 않았다. 근래에 와서 일본에서 유학하고 돌아온 출가와 재가 선수행자들에 의해서 몇 개의 『무문관』이 번역 출간되었다.

5. 공안에 대하여

공안(公案)이라는 말은 원래 공부(公府), 즉 관공서의 결재가 난 공문서[案牘]를 일컫는다. 그런데 이 공안이라는 말이 선에서는 수행의 깊고 옅음을 측정하는 계기판이라는 뜻으로 사용됐다. 즉 불조(佛祖)의 언행이나 문답은 관공서의 결재가 난 공문서처럼 절대적인 권위가 있으므로 이를 '공안(公案)'이라 부르게 된 것이다. 이 공안이라는 말을 처음으로 선의 용어로 사용한 사람은 당대(唐代)의 선승 황벽(黃檗)이다.

공안은 당대에 발전하고 송대에 와서 크게 흥성했는데 송대에 들어와서는 이 공안에 접근하는 다섯 가지 방법이 제시되었다.

①대어(代語): 묻는 자가 대답하는 자 대신 대답하는 것

②별어(別語): 상대의 대답이 신통치 않을 경우, 물었던 자가 대신 대답하는 것

③송고(頌古): 고칙 공안의 경지를 송(頌)으로 읊는 것

④염고(拈古): 고칙 공안에 대한 산문적인 해설

⑤평창(評唱): 고칙 공안에 대한 평론과 제창(提唱, 배경 설명이나 보충 설명)

이 가운데 대어, 별어, 송고는 분양선소(汾陽善昭, 947~1024)에 의해서 시작되었다.

염고의 창시자는 누군지 자세하지 않다. 평창은 원오극근(圜悟克勤, 1063~1135)에 의해서 시작되었는데 『벽암록』은 원오극근의 대표적인 공안평창집(公案評唱集)이다.

습암의 서문(習庵序)

說道無門이면 盡大地人이 得入이요 說道有門이면 無阿師[1]分[2]이라 第一[3]强添[4]幾箇[5]注脚[6]이니 大似[7]笠上頂笠[8]이라 硬要[9]習翁[10]贊揚[11]이나 又是乾竹絞汁[12]이라 著得[13]這些哮本[14]에 不消習翁一擲[15]이니 一擲하야 莫教一滴落江湖[16]하라 千里烏騅[17]라도 追不得이니라

紹定改元[18]七月晦[19]習菴陳塤寫

---

1   아사(阿師): 아사는 애칭. 여기서는 무문혜개를 지칭함.
2   분(分): 몫.
3   제일(第一): 『무문관』 제1칙~제48칙까지를 말함.
4   강첨(强添): 억지로 ~를 덧붙이다.
5   기개(幾個): 몇 개.
6   주각(注脚): 주석, 설명.
7   대사(大似): ~와 같다.
8   입상정립(笠上頂笠): 삿갓 위에 또 삿갓을 얹다. 사족을 붙이다.
9   경요(硬要): 간곡히 부탁하다.
10   습옹(習翁): 습암진훈(習庵陳塤), 송나라 영종(寧宗)에서 이종(理宗) 사이에 살았던 당시의 저명했던 문인.
11   찬양(贊揚): 책을 찬양하는 서문.
12   간죽교즙(乾竹絞汁): 마른 대나무에서 즙을 짜내려고 하다. 무의미한 짓을 하다.
13   저득(著得): 서문을 짓다. 득(得)은 어조사.
14   효본(哮本): 동화책, 그러나 여기선 『무문관』을 뜻함.
15   불소~일척(不消~一擲): 내던져 버릴[一擲] 필요조차 없다[不消].
16   강호(江湖): 세상, 온 천하.
17   오추(烏騅): 항우(項羽)가 탔던 명마.

【 번역 】

도에 들어가는 문이 없다면 모든 사람이 들어갈 것이요, 도에 들어가는 문이 있다면 선지식이라도 들어갈 수 없을 것이다. (그런데 본『무문관』에서는) 제1칙부터 (제48칙까지 옛 공안에 대하여) 무리하게 주석을 붙이고 있으니 말하자면 삿갓 위에 또 삿갓을 얹는 격이다. 게다가 나 습옹(習翁)에게 서문을 간곡히 부탁하니 이는 마른 대나무를 비틀어 짜서 액즙을 얻으려는 것과 같다. 이 책(『무문관』)에 서문을 지었으나 나의 이 서문은 내던져 버릴 필요도 없으니 (내 서문을 가차 없이) 내던져 버려서 이 한 방울(쓸데없는 글)이 세상에 퍼져나가지 않기를 바랄 뿐이다.

(그러나 이 서문을 내던져 버리지 않으면 이 쓸데없는 글이 세상에 퍼져나가) 저 천 리를 달리는 오추마(烏騅馬)조차 따라잡을 수 없을 것이다.

소정개원(紹定改元, 1228) 7월 그믐날 습암진훈(習庵陳塤) 쓰다.

【 해설 】

불립문자(不立文字)의 정신에 입각해서 습암은 당찬 서문을 쓰고 있다. 자신의 서문조차 사족에 불과하므로 가차없이 내던져 버리라고 말하고 있다. 격조 높은 서문이다.

---

18 소정개원(紹定改元): 1228년.
19 칠월회(七月晦): 7월 그믐.

표문(表文[1])

紹定二年正月初五日은 恭遇天基聖節[2]이니 臣僧慧開는 預於元年十二月初五日에 印行拈提[3]佛祖機緣[4]四十八則하야 祝延今上皇帝聖躬萬歲萬歲萬萬歲하나이다 皇帝陛下는 恭願聖明齊日月하고 叡算[5]等乾坤하소서 八方은 歌有道之君하고 四海는 樂無爲之化니다.

慈懿皇后[6] 功德報因[7] 佑慈禪寺[8] 前住持 傳法臣僧[9] 慧開謹言

【 번역 】

소정(紹定) 2년(1228) 정월 초닷샛날은 이종 황제의 탄신일이니 신

---

1   표문(表文): 무문관을 저술하게 된 자초지종을 조정에 상표(上表)하는 글.
2   천기성절(天基聖節): 이종(理宗) 황제의 탄신일.
3   염제(拈提): 염기(拈起), 제시(提撕), 옛 공안을 가려 뽑아 수행자들에게 소개하는 것.
4   기연(機緣): 스승과 제자가 서로 만나 깨달음의 계기를 마련하는 것.
5   예산(叡算): 보산(寶算), 황제의 나이.
6   자의황후(慈懿皇后): 이종 황제의 생모.
7   보인(報因): 보은(報恩, 白雲抄).
8   우자선사(佑慈禪寺): 이종 황제가 어머니 자의 황후의 은혜에 보답하기 위하여 세운 절.
9   신승(臣僧): 신하인 승려, 여기서 무문은 자신을 황제의 신하인 승려라고 칭하고 있다.

승 혜개(慧開)는 원년(元年, 1227) 섣달 초닷새(2월 5일) 날에 불조(佛祖)의 기연(機緣) 48칙을 가려 뽑아 해설을 붙여 간행했으니 황제 폐하의 건강이 영원무궁하기를 축원합니다. 황제 폐하의 지혜는 일월과 같으며 그 수명은 천지와 같이 영원무궁하소서. 팔방은 폐하의 덕 있는 통치를 노래하며 온 누리 백성은 폐하의 무사태평의 교화를 즐거워하고 있습니다.

자의 황후의 공덕보은을 위해서 건립된 우자선사(佑慈禪寺) 전 주지인 전법 신승(傳法臣僧) 혜개는 삼가 아뢰옵니다.

【 해설 】

황제 폐하의 지혜와 수명이 영원무궁하기를 기원하는 무문의 이 표문 속에는 기울어가는 남송의 국운을 슬퍼하는 산승의 비애가 아스라이 깔려 있다. 아무리 출가한 수행자라 해도 그가 태어난 나라의 운명을 걱정하지 않을 수 없는 법이다. 그래서인가, 무문은 자신을 신승(臣僧)이라고 낮춰 부르고 있다.

여기서 우리는 장엄하게 저물어가고 있는 남송의 황혼을 느낄 수 있다. 이 표문을 쓰고 32년 뒤(1260)에 무문은 78세로 입적했으며 다시 4년 뒤(1264)에는 남송이 멸망했다.

자서(自序)

佛語心爲宗이요 無門爲法門이라 旣是無門인댄 且作麼生透요 豈不見道아 從門入者는 不是家珍이요 從緣得者는 始終成壞라 恁麼說話도 大似無風起浪이요 好肉剜瘡[1]이라 何況[2]滯言句하고 覓解會리요 掉棒打月[3]이요 隔靴爬痒[4]이니 有甚交涉이리요 慧開는 紹定戊子夏에 首衆于東嘉龍翔[5]하니 因衲子請益[6]에 遂將古人公案하야 作敲門瓦子[7]하야 隨機引導[8]學者하야 竟爾[9]抄錄에 不覺成集이라 初不以前後敘列하고 共成四十八則이니 通曰[10]無門關이라 若是箇

---

1 호육완창(好肉剜瘡): 멀쩡한 살을 긁어 부스럼을 내다. 쓸데없는 짓을 하다.
2 하황(何況): 어찌 하물며.
3 도봉타월(掉棒打月): 몽둥이로 달을 치다. 불가능한 일을 말함.
4 격화파양(隔靴爬痒): 신을 신고 가려운 곳을 긁다. 역시 불가능한 일을 뜻함.
5 동가용상(東嘉龍翔): 절강성 온주 영가현에 있는 용상선사(龍翔禪寺), 이 절은 남송시대 오산십찰(五山十刹)의 하나로 묵조선의 대가인 진헐청료(眞歇淸了, 1089~1151)에 의해서 창건되었다.
6 청익(請益): 수행자가 재차 선사에게 가르침을 청하는 것.
7 고문와자(敲門瓦子): 문을 두드리는 기왓장. 일종의 옛날식 초인종.
8 수기인도(隨機引導): 상대의 수준에 알맞게 가르치다.
9 경이(竟爾): 결국, 마침내.
10 통왈(通曰): 이 책 전체의 제목을 ~라고 하다.

漢^{11}인댄 不顧危亡^{12}하고 單刀直入이니 八臂那吒^{13}라도 攔他不住요 縱使^{14}西天四七^{15}과 東土二三^{16}이라도 只得望風乞命하리라 設或躊躇하면 也似隔窓看馬騎니 貶得眼來^{17}하면 早已^{18}蹉過라 頌曰, 大道無門이나 千差有路니 透得此關^{19}하면 乾坤獨步^{20}하리라

【 번역 】

선(禪)은 불심(佛心)을 종지로 삼고 문이 없음[無門]을 법(法)으로 들어가는 문으로 삼는다. 이미 무문이라면 이를 어떻게 뚫고 들어갈 수 있겠는가, 이런 말을 들어보지 못했는가?

"문을 통해서 들어온 것은 진짜 보배가 아니요, 인연을 통해서 얻은 것은 처음과 끝이 있고 성취와 파괴가 있다."

지금 이 말[無門關]조차도 바람 없는 데 파도가 이는 격이요, 멀쩡한 살을 긁어 부스럼을 내는 것과 같다. 그런데 하물며 언구(言句)에 매달려 알려고 한단 말인가. 이는 몽둥이로 달을 치며 신을 신은 채

---

11 약시개한(若是箇漢): 만일 눈 밝은 수행자라면.
12 위망(危亡): 위급함, 멸망.
13 팔비나타(八臂那吒): 여덟 개의 팔과 네 개의 머리를 가진 대력귀(大力鬼), 비사문천왕(毗沙門天王)의 아들.
14 종사(縱使): 비록~라 해도.
15 서천사칠(西天四七): 가섭 존자로부터 시작되는 인도[西天]의 28대 조사.
16 동토이삼(東土二三): 달마대사로부터 육조 혜능까지 중국[東土]의 6대 조사.
17 잡득안래(貶得眼來): 눈 깜짝할 사이에.
18 조이(早已): 벌써, 이미.
19 차관(此關): 이『무문관』에 수록된 공안 48칙.
20 독보(獨步): 혼자 걸어감, 남이 따를 수 없이 뛰어남.

가려운 발을 긁는 것과 같나니 선(禪)과는 아무런 관련이 없다.

나, 혜개(慧開)는 소정무자(紹定戊子, 1228) 여름 하안거에 동가의 용상사[東嘉龍翔寺]에서 수행자들을 지도하게 되었다. (그때) 수행자들이 (내게) 가르침을 청했기 때문에 옛사람의 공안을 가지고 고문와자(敲門瓦子)로 삼아서 각자의 수준에 알맞게 수행자들을 지도하기에 이르렀다.

그래서 (고인의 공안을) 가려 뽑은 것이 어느새 한 권의 책이 되었다. 그러나 처음부터 전후의 서열을 정하지 않고 손 가는 대로 가려 뽑았다. 이렇게 하여 48칙이 됐는데, 이 책의 이름을 『무문관(無門關)』이라 칭하게 되었다. 그러나 만일 눈 밝은 수행자라면 위험을 무릅쓰고 단도직입적으로 나올 것이다. 이렇게 되면 저 팔비나타(八臂那吒)도 그를 어찌할 수 없을 것이요, 서천의 28대 조사들과 동토(東土, 중국)의 6대 조사들조차도 그에게 목숨만 살려 달라고 애걸할 것이다. 그러나 만일 단도직입적으로 나오지 못하고 머뭇거린다면 마치 문틈으로 달려가는 말을 보는 것과 같을 것이니 눈 깜짝할 사이에 이미 어긋나 버리고 말 것이다.

게송으로 읊기를,

대도(大道)에는 들어가는 문이 없으나
천차만별의 다른 길이 있나니
이 관문[무문관 48칙]을 통과하게 되면
천지에 가장 뛰어나리라.

제1칙 ── ● ○

조주의 무(無)자 공안[趙州[1]狗子]

趙州和尚, 因僧問[2]호대 狗子[3]還有佛性也無닛가 州云, 無.

無門曰호대 參禪須透祖師關이요 妙悟要[4]窮心路絶[5]이라 祖關[6]不透면 心路不絶이니 盡是依草附木精靈[7]이라 且道하라 如何是祖師關고 只者[8]一箇無字는 乃宗門一關[9]也니 遂目之曰禪宗無門關이라 透得過者는 非但親見趙州요 便可與歷代祖師와 把手共行[10]이요 眉毛廝結[11]하며 同一眼見이요 同一耳聞이니 豈不慶快리오 莫有要透

---

1 조주(趙州): 조주종심(趙州從諗, 778~897) 당나라 말기의 선승.
2 인승문(因僧問): 승(僧)이 ~라고 물었기 때문에. 조주 화상에게 승이 질문을 했기 때문에 대답을 하게 되었다는 뜻.
3 구자(狗子): 개, 자(子)는 어조사.
4 요(要): 반드시 필요하다. 문장체의 '욕(欲)'에 해당함.
5 심로절(心路絶): 마음길이 끊어지다. 분별심이 끊어지다.
6 조관(祖關): 조사의 관문, 공안의 활구(活句).
7 의초부목정령(依草附木精靈): 아직 갈 곳이 정해지지 않아서 풀이나 나무에 붙어 있는 영혼, 중음(中陰)의 상태에 있는 영혼. 해탈을 얻지 못한 영혼.
8 지자(只者): 다만, 자(者)는 이[此]의 뜻.
9 종문일관(宗門一關): 선종(특히 조사선)의 제일 관문.
10 파수공행(把手共行): 손잡고 같이 가다.
11 미모시결(眉毛廝結): 미모상결(眉毛相結), 서로 눈썹을 마주하고 있는 것, 가장 친한 사이를 뜻함.

關底麼[12]아 將三百六十骨節, 八萬四千毫竅[13]와 通身[14]으로 起箇[15] 疑團[16]하야 參[17]箇無字니 晝夜提撕[18]하라 莫作虛無會[19]하며 莫作有無會[20]니 如吞了 箇熱鐵丸[21]相似[22]하야 吐又吐不出이니 蕩盡從前惡知惡覺[23]하야 久久純熟하면 自然內外打成一片[24]이니 如啞子得夢[25]이라 只許[26]自知[27]니 驀然[28]打發[29]하면 驚天動地하리니 如奪得關將軍大刀[30]入手하야 逢佛殺佛하고 逢祖殺祖하며 於生死岸頭에 得大自在요 向六道[31]四生[32]中에 遊戲三昧[33]라 且作麼生[34]提撕오

---

12 막유~마(莫有~麼): ~할 사람이 있는가?

13 삼백육십골절, 팔만사천호규(三百六十骨節, 八萬四千毫竅): 인간의 몸 전체.

14 통신(通身): 전신(全身).

15 기개(起箇): ~을 일으키다. ~을 제기하다.

16 의단(疑團): 의문, 의문 덩어리.

17 참(參): 참구, 탐구.

18 제시(提撕): ①화두나 공안을 참구하는 것 ②스승이 수행자를 지도하는 것. 여기서는 ①의 뜻.

19 허무회(虛無會): '허무'의 '무(無)'로 이해하다.

20 유무회(有無會): '유무(有無)'의 무(無)로 이해하다.

21 열철환(熱鐵丸): 뜨거운 쇳덩이.

22 여~상사(如~相似): 마치 ~와 같다.

23 악지악각(惡知惡覺): 잘못된 견해.

24 내외타성일편(內外打成一片): 주관과 객관이 혼연일체가 되다.

25 아자득몽(啞子得夢): 벙어리가 꿈을 꾸다.

26 지허(只許): 다만 ~을 인정하다.

27 자지(自知): 스스로 깨닫다.

28 맥연(驀然): 갑자기.

29 타발(打發): (본성을) 회복하다. (본성의 역동성)이 깨어나다.

30 관장군대도(關將軍大刀): 관우(關羽)의 청룡언월도(靑龍偃月刀).

31 육도(六道): 지옥, 아귀, 축생, 인간계, 아수라계, 천계(天界).

32 사생(四生): 존재가 탄생하는 네 가지 상태. 태(胎, 태로 태어남), 란(卵, 알로 태어남), 습(濕, 습기에서 태어남), 화(化, 변화의 상태로 태어남, 굼벵이나 매미의 종류)

33 유희삼매(遊戲三昧): 생사윤회 속에서 자유자재하다. 생사윤회 자체가 놀이(스포츠 게임)인 경지.

34 자마생(作麼生): 어떻게 할 것인가? 작(作)의 발음은 자.

盡平生氣力을 擧箇³⁵無字하라 若不間斷하면 好似³⁶法燭³⁷一點便

着³⁸이니라

　頌曰. 狗子佛性이여 全提正令³⁹이라 纔涉⁴⁰有無면 喪身失命⁴¹하

리라

【 번역 】

　조주 화상에게 어떤 승이 "저 개에게도 불성(佛性)이 있습니까?"라

고 물었기 때문에 조주 화상이 말했다. "무(無)."

　무문(無門)이 말했다.

　"참선수행은 반드시 조사관(祖師關, 공안)을 뚫어야 하며 묘오(妙悟)

를 체험하기 위해서는 분별심이 끊어져야 한다. 조사관을 뚫지 못하

면 분별심[心路]이 끊어지지 않나니 (분별심이 끊어지지 않으면) 이 모두

가 풀이나 나무에 붙어 있는 정령(精靈)일 뿐이다. 자, 말해 보라, 조

사관이란 무엇인가? 이 한 개의 무(無)자 공안을 꿰뚫는 자는 조주를

친히 뵈올 뿐 아니라 역대 조사들과도 손잡고 같이 갈 것이다. 서로

눈썹을 마주하여 똑같은 눈으로 보고 동일한 귀로 듣나니 이 어찌 경

쾌하지 않겠는가. 이 무자 관문(공안)을 뚫을 사람이 있는가? 360뼈

35　거개(擧箇): 화두, 공안을 들다. 개(箇)는 어조사.

36　호사(好似): ~와 똑같다.

37　법촉(法燭): 불법(佛法)의 촛불.

38　일점편착(一點便着): 한 번 불을 붙이자 즉시 불이 켜지다.

39　전제정령(全提正令): 올바른 법령[正令], 전체를 시행하다[全提].

40　재섭(纔涉): 조금이라도[纔] ~빠지면[涉].

41　상신실명(喪身失命): 목숨을 잃다.

마디와 8만 4천 모공(毛孔)과 이 몸 전체로 의문심을 일으켜서 이 무자 공안을 참구(參究)해야 하나니 밤낮으로 공안 참구를 계속해야 한다. 그러나 이 무자 공안을 허무의 무(無)로 이해해서도 안 되고[莫作虛無會] 유무의 무로 이해해서도 안 된다[莫作虛無會].

마치 불이 벌겋게 달아오른 쇳덩이를 삼킨 것과 같아서 토해내려 해도 토해낼 수 없나니 종전의 잘못된 견해가 다해서 오래오래 수행의 내공이 쌓이게 되면 저절로 주관과 객관이 혼연일체가 되리니 이는 벙어리가 꿈을 꾼 것과 같아서 스스로만 깨달아 알 뿐이다. 문득 관념의 껍질이 찢어지면 경천동지하리니 마치 관우장군의 대도(大刀)를 빼앗아 손에 쥔 것과 같아서 부처를 만나면 부처를 죽이고(제압하고) 조사를 만나면 조사를 죽이며 생사의 언덕에서 대자유를 얻어 육도사생(六道四生) 속에서 유희삼매를 즐기게 될 것이다. 그렇다면 어떤 식으로 공안 참구를 해야 하는가. 평생의 기력(氣力)을 다해서 이 무자 공안을 참구해야 한다. 이렇게 하여 공안참구가 끊어지지 않고 계속되면 법(法, 佛性)의 촛불에 한 번 불을 붙이자 즉시 불이 켜지는 것과 같다."

송왈(頌曰, 송을 읊기를)

무자 공안이여,
올바른 법령(法令)을 시행함이네.
그러나 조금이라도 유와 무에 걸리는 순간
목숨을 잃을 것이네.

【 해설 】

본칙은『종용록』제18칙 공안과 같은데 그 전개 과정이 다르다.『종용록』에서는 본칙 공안이 아주 드라마틱하게 전개되고 있는 데 비해『무문관』에서는 그 첫 부분[因僧問, 狗子還有佛性也無. 州云, 無.]만 따로 떨어져 하나의 독립 공안이 되었다.

이 무자 공안은 오조법연에 의해서 조사선의 핵심 공안으로 주목 받기 시작했고 대혜종고에 와서는 간화선의 기본 공안으로 거론되기 시작했다. 그리고 무문에 이르러서는 그 참구(탐구)법이 다음과 같이 두 갈래로 간단명료하게 정비되었다.

첫째, 이 무자 공안을 '허무의 무'로 이해하지 말 것[莫作有無會].

둘째, 이 무자 공안을 '유무의 무'로 이해하지 말 것[莫作有無會].

우리나라(고려시대) 진각혜심(眞覺慧諶)은 '구자무불성화간병론(狗子無佛性話揀病論)에서 대혜종고의 '무자 공안 참구 과정에서 야기되는 열 가지 폐단[無字話頭十種病]에 대하여 자세한 설명을 하고 있다. 그런 다음 이 열 가지 폐단[十種病]을 다음의 넷으로 압축하고 있다.

첫째, 인위적으로 무자 공안을 타파하려는 것은 옳지 않다[不可以有心求].

둘째, 무심하게(자연스럽게) 무자 공안을 깨달으려는 것도 옳지 않다[不可以無心得].

셋째, 언어의 탐색을 통해서만 무자공안을 알려는 것도 옳지 않다[不可以 語言造].

넷째, 침묵으로 무자 공안을 꿰뚫으려는 것도 옳지 않다[不可以寂默

通].

그렇다면 어떤 식으로 이 무자 공안에 접근해야 하는가?

(그 탐구 방법이) 잘못되었거나 잘못되지 않았거나 개의치 말고[莫關 有病無病], 재미있거나 없거나 그런 것에 신경 쓰지 말고[莫關有滋味無 滋味], 공안 참구에 힘을 얻었거나 얻지 못했거나 전혀 신경 쓰지 말 고[莫關得力不得力], 이게 도대체 무슨 이치인가 하고 줄기차게 의문을 제기해 나가야 한다[但提撕看是箇什麼道理].

그렇다면 단도직입적으로 말해서 어떤 식으로 해야 하는가? '이 무 (無)자 한 글자에 불성(佛性) 전체가 드러난 곳이 있는데, 그곳이 어딘 가?'라고 부단히 의문을 제기해야 한다. 이 무자 공안에 대하여 많은 사람이 송(頌)을 읊었는데 그 가운데서 우선 다음의 네 사람 작품을 감상해 보자.

첫째, 오조법연의 작품이 있다. 무문이 가장 영향을 많이 받은 오 조법연은 서릿발같이 빛나는 무자 공안의 당처(當處)를 이렇게 읊고 있 다. 그런데 무문의 『무문관』 본칙(제1칙) 송은 이 오조법연의 송에서 영감을 받은 것 같다.

조주의 칼날이 드러났으니
서릿발 같은 빛으로 이글거리네.
이게 뭐냐고 묻는다면
그대 몸은 즉시 두 동강이 나리라.
趙州露刀劍　寒霜光燄燄
更擬問如何　分身作兩段

둘째, 요당인(拗堂人)은 말로 설명할 수 없는 무자 공안의 경지를 봄의 시름[傷春]에 찬 여인의 심정을 빌어 읊고 있다. 이 시는 원래 당(唐)의 시인 주강(朱絳)의 '춘원(春怨)'인데 요당인이 가져다 쓴 것이다.

미인의 자수 바늘이 점점 느려지나니
자형화 꽃 아래 꾀꼬리 울음만 매끄럽네.
끝없이 솟는 이 봄의 시름은
자수 바늘 멈추고 말 없는 이때에 있네.
二六佳人刺繡遲　紫荊花下囀黃鸝
可憐無限傷春意　盡在停鍼不語時

셋째, 무자 공안을 꿰뚫은 사람이 지음인을 만나지 못해 쓸쓸해하는 심정을 차졸눌(且拙訥)은 이렇게 읊고 있다. 이 시도 원래는 당(唐)의 시인 유우석(劉禹錫)의 작품 '추풍인(秋風引)'이다.

어디서 가을바람 불어오는가.
기러기 떼 쓸쓸히 떠나보내네.
오늘 아침 불현듯 뜰의 나무에 들어오니
외로운 나그네 제일 먼저 그 소리 듣네.
何處秋風起　蕭蕭送鴈群
朝來入庭樹　孤客最先聞

넷째, 이 누리가 무자 공안으로 충만한데 사람들은 지말적인 것만을 찾고 있다고 고봉원묘(高峰原妙)는 이렇게 탄식하고 있다.

조주의 무자 공안이여,

봄빛은 누리에 이처럼 충만한데

저 많은 사람들은 말끝만을 좇아

공연히 모란꽃으로 길을 가득 채우네.

趙州狗子佛性無　十分春色播江湖

幾多摘葉尋枝者　空使洛陽花滿途

백장의 여우[百丈野狐]

百丈¹和尙이 凡參次²에 有一老人이 常隨衆聽法하고 衆人退에 老人亦退라 忽一日不退하니 師遂問호대 面前立者는 復是何人³고 老人云호대 諾⁴ 某甲은 非人也니 於過去迦葉佛⁵時에 曾住此山이니다 因學人問호대 大修行底人은 還落因果也無아 某甲對云호대 不落因果라 하고 五百生墮野狐身이니다 今請和尙代一轉語⁶하야 貴⁷脫野狐니다 遂問호대 大修行底人은 還落因果也無아 師云호대 不昧因果니라 老人於言下大悟하고 作禮云호대 某甲已脫野狐身이니 住在

---

1 백장(百丈): 백장회해(百丈懷海, 720~814). 최초로 총림(叢林, 선종사원)을 세운 선승. 『백장청규(百丈淸規)』의 저자.
2 참차(參次): 참(參)은 법문, 설법을 뜻함. 설법당에 올라가 설법할 때마다.
3 부시하인(復是何人): 도대체 누군가.
4 낙(諾): '예' 하고 대답하다.
5 가섭불(迦葉佛): 과거칠불 가운데 여섯 번째 부처.
6 일전어(一轉語): 깨달음의 계기가 될 수 있는 한마디의 말.
7 귀(貴): 오직(只).

山後니다 敢告和尙하노니 乞依亡僧事例[8]하소서 師令維那[9]白槌[10]告
衆하야 食後送亡僧이라 大衆言議호대 一衆皆安이요 涅槃堂[11]又無
人病커니 何故如是요 食後只見師領衆하고 至山後巖下하야 以杖으
로 挑出一死野狐하야 乃依火葬이라 師至晚上堂[12]하야 擧前因緣하
니 黃檗[13]이 便問호대 古人錯祇對[14]一轉語하야 墮五百生野狐身이니
轉轉不錯[15]하면 合作箇甚麼[16]오 師云호대 近前來하라 與伊道하리라
黃檗遂近前하야 與師一掌이라 師拍手笑云호대 將謂[17]胡鬚赤커니
更有赤鬚胡[18]라

　　無門曰. 不落因果여 爲甚墮野狐오 不昧因果여 爲甚脫野狐오
若向者裏[19] 着得一隻眼[20]하면 便知得[21] 前百丈 贏得[22]風流五百生
하리라

8　　망승사례(亡僧事例): 승려가 입적했을 때 화장(火葬)으로 장례를 치르는 것.
9　　유나(維那): 선원의 규율을 관장하는 선승.
10　　백퇴(白槌): 선원에서 설법이나 법회를 열 때 사용하는 일종의 타구(打具).
11　　열반당(涅槃堂): 아픈 승려가 머무는 간병소(看病所).
12　　상당(上堂): 설법당에 오르다.
13　　황벽(黃檗): 황벽희운(黃檗希運, ?~850). 백장의 법을 이음. 임제의 스승.
14　　지대(祇對): 다만 ~라고 대답하다.
15　　전전불착(轉轉不錯): 일전어를 말해 줄 때마다 잘못되지 않다.
16　　합작개심마(合作箇甚麼): 어떻습니까.
17　　장위~갱유(將謂~更有): ~인 줄 알았는데 다시 ~이 있다.
18　　장위호수적 갱유적수호(~胡鬚赤 ~赤鬚胡): 달마(胡人)의 수염이 붉은 줄만 알았
　　는데 붉은 수염의 달마가 있다(莫上莫下의 뜻). 시적식적(是賊識賊). 지음동지(知音
　　同志).
19　　약향자리(若向者裏): 만일 여기(者裏 此裏)에서.
20　　착득일척안(着得一隻眼): 깨달음의 안목(慧眼)을 열다.
21　　변지득(便知得): 즉시~을 알 것이다. 得→어조사.
22　　영득(贏得): ①~을 얻다(利得) ②(게임에서) 이기다(勝). 여기에선 ①의 뜻.

【 번역 】

백장(百丈) 화상이 설법당에 올라가 설법할 때마다 한 노인이 대중들과 함께 법문을 듣고는 대중들이 물러갈 때 노인도 같이 물러가곤 했다. 그런데 어느 날 노인이 물러가지 않고 서 있었다. 그래서 백장 화상이 물었다. "내 앞에 서 있는 이는 도대체 누구신가?"

노인이 말했다. "예, 저는 사람이 아닙니다. 까마득한 과거세의 가섭불 때 이 산에 살았습니다. 그때 어느 수행자가 (저에게) 묻기를 '수행이 깊은 사람도 인과에 떨어집니까?'라고 했습니다. 저는 그에게 '인과에 떨어지지 않는다(不落因果).'라 말하고는 500생 동안 여우 몸을 받았습니다. 지금 스님에게 일전어(一轉語)를 청하오니 오직 이 여우 몸을 벗기를 바랄 뿐입니다."

노인이 물었다. "수행이 깊은 사람도 인과에 떨어집니까?" 백장 화상이 말했다. "인과의 이치에 어둡지 않다(不昧因果)." 노인은 이 말 아래 크게 깨닫고는 절을 올리며 말했다. "저는 이제 여우 몸을 벗었습니다. 저는 이 산 뒤에 살고 있습니다. 스님께 부탁하노니 망승(亡僧)의 사례로써 저의 육신(여우 몸)을 거두어 주십시오."

스님(백장 화상)은 유나(維那)에게 백퇴(白槌)를 쳐서 대중들에게 '식후에 망승의 장례식이 있다'고 알리도록 했다. 이 소식을 들은 대중들은 서로를 보며 수군거렸다. "대중들은 모두 편안하고 열반당에도 아픈 사람이 없는데 이게 무슨 일인가?" 식후에 스님은 대중들을 거느리고 (백장)산 뒤의 바위 아래로 가서 지팡이로 여우 시체를 끄집어내어 다비식을 치렀다.

스님은 저녁 때 설법당에 올라가서 낮에 있었던 일을 말했다. 그러자 황벽이 말했다. "옛사람은 일전어를 잘못 말해서 500생 동안 여우 몸을 받았습니다. 그럼 일전어를 말해 줄 때마다 잘못되지 않았다면 어떻습니까?"

백장 화상이 "가까이 오게. 그대에게 말해 주겠네(近前來 與伊道)."

황벽은 백장 가까이 다가가서 백장 화상을 한 방 먹였다. 그러자 백장 화상은 손뼉을 치고 웃으며 이렇게 말했다. "오랑캐(달마)의 수염이 붉다더니 붉은 수염의 오랑캐가 있었군."

무문이 말했다.

"불락인과(不落因果)여, 뭣 때문에 여우 몸을 받았는가.

불매인과(不昧因果)여, 뭣 때문에 여우 몸을 벗었는가.

만일 여기서 깨달음의 안목을 연다면 전백장(前百丈. 노인)이 풍류 500생을 얻었다(즐겼다)는 사실을 알게 될 것이다."

송왈(頌曰).

불락불매(不落不昧)여,

막상막하요,

불매불락(不昧不落)이여,

천착만착(千錯萬錯)이네.

【 해설 】

고도의 기만전술을 구사하고 있는 본칙 공안은 불락(不落, 인과에 떨어지지 않음)과 불매(不昧, 인과의 이치에 어둡지 않음)라는 두 함정을 파놓고 수행자를 유인하고 있다. 그래서 열 사람 가운데 아홉 사람 반은 영락없이 이 함정에 빠지고 만다.

본칙에서 말하고 있는 가섭불(迦葉佛)은 과거칠불(過去七佛) 가운데 여섯 번째 부처다. 가섭불 당시란 이 지구상에 인류가 나타나기 이전이다. 지구상에 인간이 아직 나타나지도 않았는데, 중국 백장산에 어떻게 전백장(前百丈)이 있었단 말인가. 석가모니 부처님이 출현하지도 않았는데 인도에 불교가 있지도 않았는데 어떻게 중국의 백장산에 전백장 선사가 있었단 말인가. 도저히 말도 안 되는 이 이야기는 그러나 일종의 상징으로 받아들여야 한다. '머나먼 옛날'이라는 말을 강조하기 위한 중국식 과장법으로 받아들여야 한다.

본칙 공안은 3장으로 구성되어 있다.

제1장: 불락인과(不落因果)와 불매인과(不昧因果)에 대하여 정체불명의 노인과 백장의 문답까지다.

제2장: 백장이 대중들을 이끌고 백장산의 바위굴로 가서 여우 시체를 끌어낸 다음 망승(亡僧)의 장례로써 다비식을 치른 곳까지다.

제3장: 저녁때가 되어 백장이 망승의 다비(화장)에 대하여 법문을 하자 황벽이 백장의 기만전술을 간파, 황벽과 백장이 한판 승부를 치른 곳까지다.

백장의 법문을 듣고 황벽이 백장의 기만전술을 간파, 반격을 시도

하자 백장은 또 한 번 감쪽같은 함정을 파놓고 황벽을 유인했다. 그러나 황벽을 잡으려고 파놓은 함정에 백장 자신이 되레 빠지고 말았다.

'오랑캐(달마)의 수염이 붉다더니 붉은 수염의 오랑캐가 있었군(將謂胡鬚赤 更有赤鬚胡)'이라는 백장의 말은 무슨 뜻인가. '나(백장)만 대단한 줄 알았는데 나보다 더 대단한 놈(황벽)이 있었군'이라는 칭찬의 말이다. 황벽을 인정하는 감탄의 말이다. 전3장 가운데 본칙 공안의 핵심은 단연 제1장이다. 제1장의 불락인과(不落因果)와 불매인과(不昧因果)다.

불락인과(不落因果)란 무엇인가?

인과법칙을 부정하는 허무주의적인 견해로서 전백장(前百丈, 정체불명의 노인)의 입장이다.

불매인과(不昧因果)란 무엇인가?

인과응보를 상승[善因善果]과 하강[惡因惡果]을 반복하는 시소게임으로 보는 유희삼매(遊戲三昧)적인 견해로서 후백장(後百丈)의 입장이다. 본칙 공안은 『종용록』 제8칙(百丈野狐)과 같은 공안인데 불락인과와 불매인과에 대한 만송(萬松)의 본칙평창이 정곡을 찌르고 있다.

"불락인과란 모든 걸 부정하는 허무주의적인 견해요, 불매인과란 인과의 흐름을 따라 묘(妙)를 얻는 것이다(不落因果 是撥無斷見 不昧因果 是隨流得妙)."

이에 비하면 무문의 본칙송은 보다 직관적이다. 송의 제1구·제2구는 후백장의 입장으로서 사통팔달적인 활구(活句)의 세계다. 즉 '깨달으면 업장이 본래 텅 빈(了卽業障本來空)' 세계다. 반면 제3구, 제4구는 전백장의 입장으로서 체구미언(滯句迷言)적인 사구(死句)의 세계다. 즉

'깨닫지 못했으면 전생에 진 빚을 반드시 갚아야만 하는(未了還須償宿債)' 인과법칙의 세계다.

그러나 박옹섬(樸翁銛)의 입장은 무문보다 한 걸음 더 나아가고 있다. 불락인과(不落因果), 즉 여우 몸에 떨어진 입장(墮狐身)과 불매인과(不昧因果), 즉 여우 몸을 벗어버린 입장(脫狐身)을 생명의 거대한 흐름에서 일어나는 두 가지 자연현상으로 보고 있다. 잎이 지고 꽃이 피는 이치로 보고 있다.

여우 몸에 떨어지고 여우 몸을 벗음이여,
잎 지고 꽃피는 봄을 몇 번이나 지났는가?
명리(名利)는 다만 그걸 좇는 사람에게 맡기고
시비마저 다가올 수 없는 강태공이 되리라.
墮狐身與脫狐身　葉落花開幾度春
名利祗隨騎馬客　是非不到釣魚人

구지의 한 손가락[俱胝¹竪指]

俱胝和尙이 凡有詰問에 唯擧一指라 後有童子하야 因外人問호대 和尙說何法要오 童子亦竪指頭²라 胝聞하고 遂以刃斷其指라 童子 負痛號哭而去하니 胝復召之라 童子迴首에 胝卻竪起指하니 童子忽 然領悟라 胝將順世³에 謂衆曰호대 吾得天龍一指頭禪하야 一生受 用不盡이니라 言訖示滅이라

無門曰. 俱胝幷童子悟處는 不在指頭上이니 若向者裡見得⁴하면 天龍同俱胝幷童子하야 與自己一串穿卻하리라

頌曰. 俱胝鈍置⁵老天龍하니 利刃單提勘⁶小童이라 巨靈⁷擡手無

---

1 구지(俱胝): 생몰 연대 미상. 황벽에서 임제 사이에 살았던 선승. 천룡(天龍, 생몰
   연대 미상)의 법을 이음.
2 지두(指頭): 손가락. 두(頭)는 어조사.
3 순세(順世): 입적(入寂)하다.
4 견득(見得): 알아차리다, 깨닫다.
5 둔치(鈍置): 바보 취급하다.
6 감(勘): 감파, 점검.
7 거령(巨靈): 거령신. 중국의 천지창조 신화에 나오는 신. 화산(華山)과 수양산(首陽
   山)은 원래 하나였는데, 이 산이 황하의 물을 막고 있어서 흐를 수가 없었다. 그
   래서 거령신이 이 산을 화산과 수양산으로 쪼개서 둘로 나눴기 때문에 황하의

多子니 分破華山千萬重이라

【 번역 】

구지 화상은 질문을 받을 때마다 오직 한 손가락[一指]을 들어 보였다. (구지 화상을 시봉하는) 동자가 있었는데, 사람들이 "스님은 요즘 무슨 법문을 하고 있는가?"를 물을라치면 동자 또한 구지 화상처럼 한 손가락을 세워 보였다. 구지 화상은 이 소문을 듣고 어느 날 칼로 동자의 손가락을 잘라 버렸다. 동자는 잘린 손가락을 쥐고 울면서 달아났다. 구지 화상이 동자를 부르자 동자는 고개를 돌렸다. 구지 화상이 손가락을 들어 보이자 그 순간 동자는 홀연히 깨달았다. 구지 화상은 임종 시에 대중들에게 이렇게 말했다.

"나는 천룡(天龍)에게 일지두선(一指頭禪)을 얻어서 일생 동안 사용했으나 미처 모두 쓰지 못했다." 이 말을 끝내고는 그대로 입적해 버렸다.

무문이 말했다. "구지 화상과 동자의 깨달은 곳은 손가락 위[指頭上]에 있지 않나니 만일 이를 알아차린다면 천룡, 구지, 동자와 자기 자신을 한 꼬챙이에 꿴 것처럼 동일한 경지에 이르게 될 것이다."

송왈(頌曰)

구지 화상은 늙으신 천룡(天龍)을 바보 취급했나니

물이 두 산의 사이로 흐르게 되었다는 신화가 있다.

예리한 칼로 사정없이 동자를 점검했네.

거령신(巨靈神)의 손놀림은 간단명료했나니

천만 겹의 산들을 화산(華山)과 수양산(首陽山)으로 쪼개버렸네.

【 해설 】

본칙 공안은 너무 단순하여 세 살 먹은 어린애라도 흉내 낼 수 있는 그런 공안이다. 세상에 무슨 공안이 이렇게 싱겁단 말인가. 이런 걸 공안이라고 하다니… 절대로 웃을 일이 아니다. 얼마든지 흉내는 낼 수 있지만 이를 자기 것으로 육화(肉化)하기란 결코 쉬운 일이 아니다. 목숨 걸고 이 관문을 통과하여 삶과 죽음에 대한 집착으로부터 벗어나느냐, 아니면 그저 구지 화상 흉내나 내는 앵무새 수행자가 되느냐의 갈림길이 바로 본칙 공안이라는 걸 명심하기 바란다. 본칙 공안을 꿰뚫는 열쇠는 단연 무문의 평에 있다.

'구지 화상과 동자가 깨달은 곳은 손가락 위에 있지 않다'는 바로 이 대목이다. 그들의 깨달은 곳이 손가락 위에 있지 않다면 어느 곳에 있는가라고 줄기차게 의문을 제기해 보라. 이토록 간절한 말씀이 너무나도 싱거워서 소금을 좀 뿌려야겠다.

본칙 송의 제1구, 제2구는 구지 화상이 동자의 손가락을 자른 대목을 읊은 것이다. 제3구, 제4구에서는 중국 창조 신화에 나오는 거령신(巨靈神)의 비유를 들어 구지 화상의 대담성을 읊고 있다. 거령신은 한 손으로 내리쳐서 첩첩산을 화산과 수양산으로 쪼개어 막혔던 황하의 물줄기를 흐르게 했다. 그처럼 구지 화상은 한 손가락을 세워 보임으로써 많은 사람을 깨닫게 했다는 것이다.

무문과 같은 입장에서 낭야혜각(琅瑘慧覺)은 구지 화상의 당찬 기백을 천하장사 항우에 비겨 이렇게 읊고 있다.

구지의 일지두선(一指頭禪)을 그대들께 알리노니
아침에 태어난 솔개가 하늘을 치며 나네.
무쇠솥을 번쩍 들고 산을 뽑는 힘이 없다면
천리마 오추(烏騅)를 타기는 쉽지 않을 것이네.
俱胝一指報君知　朝生鷁子博天飛
若無擧鼎拔山力　千里烏騅不易騎

그러나 보은연(報恩演)의 입장은 좀 다르다. 일체 수식이 없는 구지 화상의 일지두선을 낭만적인 곡조로 이렇게 읊고 있다.

잠 깬 미인 게으르게 머리 빗나니
금비녀 집어 꼽는 걸로 화장은 끝이네.
타고난 그 자태가 워낙 고운지라
연지곤지 안 발라도 매혹적이네.
佳人睡起懶梳頭　把得金釵揷便休
大抵還他肌骨好　不搽紅粉也風流

제4칙 — ● ○

수염 없는 달마[胡子無鬚]

或庵[1]曰, 西天胡子[2]가 因甚無鬚오

無門曰, 參須實參이요 悟須實悟라 者箇[3]胡子를 直須親見一回
始得[4]이니라 說親見이라도 早成兩箇라

頌曰. 癡人面前에 不可說夢이니 胡子無鬚여 惺惺[5]添懵[6]이라

【 번역 】

혹암(或庵)이 말했다. "서천(西天, 인도)의 달마대사는 왜 수염이 없는
가?"

무문이 말했다.

1 　혹암(或庵): 혹암 사례(或庵師禮, 1108~1179), 송대 임제종 선승.
2 　호자(胡子): 달마를 가리킴.
3 　자개(者箇): 이, 이것.
4 　직수(直須)~시득(始得): ~해야 한다.
5 　성성(惺惺): 분명하게 깨어 있음.
6 　몽(懵): 몽(懞), 어리석음[癡], 아둔함[暗].

"공안 참구는 이론이 아닌 실전(實戰)이라야 하며 깨달음 역시 머리로의 이해가 아니라 실질적인 깨달음(체험)이라야 한다. 이 달마대사를 직접 한번 만나보지 않으면 안 된다. 직접 만나봤다 하더라도 이미 (달마대사와 내가) 둘로 나뉘어 버렸다."

송왈(頌曰):

어리석은 사람에게
꿈 이야기를 해선 안 되나니
달마대사 수염 없음이여,
분명하게 깨어 있을수록 어리석음만 더하네.

【 해설 】

수행은 '~을 위해서'가 아니라 수행 그 자체를 위해서 수행해야 한다. 존경받기 위해서 남을 지배하기 위해서가 아니라 오직 수행 그 자체를 위해서 수행해야 한다. 그리하여 마침내는 수행의 흔적마저 지워 버려야 한다(悟須實悟).

이를 본칙 공안에서는 "달마대사는 왜 수염이 없는가?"라고 반문하는 식으로 말하고 있다. '참된 수행자(달마)에게는 왜 수행의 냄새가 (수염)가 없는가?'라고 되묻고 있다. 깨달았다는 생각이 조금이라도 남아 있다면 그것은 참된 깨달음이 아니다. 이를 무문은 본칙 송의 제3구, 제4구에서 읊고 있다.

향엄의 나무 오르기[香嚴¹上樹]

香嚴和尙云호대 如人上樹하야 口啣²樹枝하며 手不攀枝하고 脚不踏樹에 樹下有人이 問西來意에 不對卽違他所問이오 若對又喪身失命이니 正恁麼時에 作麼生對오

無門曰, 縱有³懸河之辨이라도 總用不着⁴이라 說得⁵一大藏敎⁶라도 亦用不著이라 若向者裡對得著⁷이면 活卻從前死路頭요 死卻從前活路頭라 其或未然인댄 直待⁸當來⁹問彌勒¹⁰하라

---

1   향엄(香嚴): 향엄지한(香嚴智閑, ?~898). 위산영우의 법을 이었다. 그는 선시의 거
     장이었는데 특히 '향엄격죽(香嚴擊竹)' 공안으로 유명하다.
2   함(啣): 함(啣)과 같은 글자. 입에 ~을 물다.
3   종유(縱有): 비록 ~이 있다 하더라도.
4   용불착(用不着): 쓸모가 없다[不用], 착(着)은 강조 어미.
5   설득(說得): 말하다. 득(得)은 어조사.
6   일대장교(一大藏敎): 팔만대장경, 불교 경전 전체를 말한다.
7   대득착(對得著): 상대에게 대응할 수 있는 답변을 하다.
8   직대(直待): 기다리다. 마냥 기다리다.
9   당래(當來): 장래, 미래, 당대(唐代)의 속어.
10   미륵(彌勒): 미륵보살, 46억 7천만 년 후에 출현한다는 미래의 부처님.

頌曰. 香嚴眞杜撰[11]이니 惡毒無盡限이라 啞卻[12]衲僧口하니 通身[13]迸[14]鬼眼이라

【 번역 】

향엄 화상이 말했다.

"어떤 사람이 나무 위에 올라가서 입으로 나뭇가지를 물고 손으로는 나뭇가지를 잡지 않고 발도 나무를 딛지 않았는데 (이때) 나무 밑에서 어떤 사람이 서래의(西來意)를 물었다고 하자. (그에게) 대답을 하지 않으면 물음을 배반할 것이요, 만일 대답을 한다면 목숨을 잃을 것이다. 자, 이럴 때 어떻게 해야 하겠는가?"

무문이 말했다.

"(이 경우) 비록 폭포수와도 같은 말솜씨가 있다 하더라도 전혀 쓸모가 없다. 팔만대장경 전체를 거침없이 말할 수 있다 하더라도 역시 쓸모가 없다. 그러나 만일 여기서 (상대에게 알맞은) 대답을 할 수가 있다면 지금까지의 죽은 길[死路頭]이 살아날 것이며 지금까지의 산 길[活路頭]이 죽을 것이다. 그러나 이러질 못한다면 미륵불이 출세하기를 기다려서 묻지 않으면 안 된다."

---

11 두찬(杜撰): 엉터리, 사이비.
12 아각(啞卻): (입을) 틀어막다.
13 통신(通身): 전신(全身)
14 병(迸): 용솟음치다, 솟다, 튀어나오다.

송왈(頌曰)

향엄은 진짜 엉터리니
그 악한 독기(毒氣)가 끝이 없네.
수행자들의 입을 틀어막았으니
전신에 귀신의 눈알이 튀어나왔네.

【 해설 】

본칙 공안은 전반부와 후반부로 나뉘어 있는데, 무문은 전반부만을 언급하고 후반부는 생략했다. 그러나 호두초(虎頭招) 상좌의 멋진 대답이 나오는 후반부를 보지 않고는 본칙 공안의 묘미를 느낄 수가 없다. 향엄의 물음에 대답하기란 참으로 난감하다. 그러나 호두초 상좌는 즉시 향엄의 전술을 간파하고는 그 전술을 역이용하고 있다.

"나무 위에 오른 것은 더 이상 묻지 않겠습니다. 나무에 오르기 전을 스님께서 한 마디 일러 보십시오[樹上卽不問 未上樹請和尙道]."

이 말을 들은 향엄은 크게 웃어버렸다[師乃呵呵大笑]. 그렇다면 향엄의 이 웃음이 물음에 대한 대답인가, 아니면 자신의 전술이 들통난 것을 알고는 그냥 웃어버린 것인가. 본칙 송에서 무문은 교묘한 속임수를 써서 수행자들을 지도하고 있는 향엄을 반어적으로 마음껏 추켜 올리고 있다. 여기 이 공안에 대한 두 사람의 각기 다른 시각이 있다.

첫째, 소은신(笑隱新)은 긁어 부스럼을 낸 향엄을 파주적(把住的)인 입장에서 이렇게 나무라고 있다.

한번 들먹일 때마다 눈썹을 찌푸리나니
나무에 오른 것과 오르기 전이 어떻게 다른가.
달 밝은 밤 그 누가 누각 위에서
옥피리 거꾸로 잡고 바람 맞서 불고 있는가.
一向拈起一攢眉　上樹何如未上樹
誰在畵樓明月夜　倒拈玉管向風吹

둘째, 천동화(天童華)는 본칙 공안을 꿰뚫고 난 사람의 여유로운 심정을 방행(放行)의 입장에서 이렇게 읊고 있다.

옛 동산에 봄빛이 나뭇가지 위에서
봄바람에 어지러이 흔들리고 있네.
해질녘 먼 강물 아득히 바라보니
고깃배 두세 척이 그린 듯이 떠 있네.
故園春色在枝頭　惱亂春風卒未休
無事晚來江上望　三三兩兩釣魚舟

세존의 염화[世尊拈花]

世尊 昔在靈山會上¹에 拈花示衆이라 是時衆皆默然이나 惟迦葉
尊者²破顔微笑라 世尊云호대 吾有正法眼藏³, 涅槃妙心⁴, 實相無
相⁵, 微妙法門하니 不立文字요 敎外別傳⁶이라 付囑⁷摩訶⁸迦葉하노
라

無門曰, 黃面瞿曇⁹은 傍若無人이니 壓良爲賤¹⁰이라 懸羊頭하고

---

1   영산회상(靈山會上): 영축산의 법회 모임. 영축(취)산은 인도 비하르주 라지기르
    (Rajgir, 王舍城)에 있다.
2   가섭 존자(迦葉尊者): 석가모니부처님의 상수 제자.
3   정법안장(正法眼藏): 불법에 대한 올바른 안목.
4   열반묘심(涅槃妙心): 열반(nirvana, 깨달은 경지)의 마음은 언어로 설명할 수 없기
    때문에 '묘심(妙心)'이라 일컫는다.
5   실상무상(實相無相): 진실[不生不滅]의 모습[實相]은 형체가 없기 때문에 '무상(無
    相)'이라 일컫는다.
6   교외별전(敎外別傳): 경전의 가르침 이외에 별도로 전해 준 가르침.
7   부촉(付囑): 전해 주다.
8   마하(摩訶): ① 크다[大]. ② 위대하다. 여기서는 ②의 뜻으로 쓰였다.
9   황면구담(黃面瞿曇): 부처님을 지칭. 부처님의 얼굴이 황금색이었기 때문에 황면
    (黃面)이라는 이름이 붙었다. 구담(Gotama)은 석가족의 성(姓)이다.
10 압량위천(壓良爲賤): 양민을 천민으로 만들다.

賣狗肉[11]하니 將謂多少奇特[12]이라 只如[13]當時大衆都笑면 正法眼藏을 作麼生[14]傳고 設使迦葉不笑면 正法眼藏을 又作麼生傳고 若道 正法眼藏을 有傳授라하면 黃面老子가 誑謼[15]閭閻[16]이요 若道無傳授면 爲甚麼獨許[17]迦葉고

頌曰. 拈起花來여 尾巴[18]已露라 迦葉破顔이여 人天[19]罔措[20]라

【 번역 】

부처님이 영산회상에 있을 때 한 송이 꽃을 들어 청중에게 보였다. 이때 거기 모인 청중들은 침묵을 지키고 있었으나 오직 가섭 존자만이 활짝 웃었다. 이를 본 부처님이 말씀하셨다.

"나에게 정법안장(正法眼藏), 열반묘심(涅槃妙心), 실상무상(實相無相), 미묘법문(微妙法門)이 있는데 이는 불립문자(不立文字)요, 교외별전(敎外別傳)이다. 내 이를 마하가섭에게 전하노라."

무문이 말했다.

---

11 현양두매구육(懸羊頭賣狗肉): 양머리를 걸어놓고 개고기를 팔고 있다. 말과 실제 행동이 다르다.
12 장위다소기특(將謂多少奇特): 아주 특이한 줄 알았는데 (알고 보니) 그게 아니었다.
13 지여(只如): 그건 그렇다 치고.
14 자마생(作麼生): 어떻게 ~할 것인가?
15 광호(誑謼): 속이다.
16 여염(閭閻): 시골마을의 동네 어구. 서민들, 평범한 사람들.
17 독허(獨許): (가섭에게만) 홀로 (정법안장을) 전해 주다.
18 미파(尾巴): 꼬리.
19 인천(人天): 인간과 천신(天神).
20 망조(罔措): ①손을 쓸 수가 없다. ②어떻게 할 수가 없다. ③어리둥절해하다. 여기서는 ③의 뜻.

"부처는 안하무인이니 양민을 천민 취급하고 있다. 양머리를 매달아 놓고는 개고기를 팔고 있으니 (이 어르신네가) 대단한 줄 알았는데 별것이 아니었다. 그건 그렇다 치고 당시의 청중들이 모두 웃었다면 정법안장을 어떻게 전했겠는가. 만일 가섭 존자가 웃지 않았다면 정법안장을 또 어떻게 전했겠는가. 정법안장을 전해 주었다고 한다면 부처는 세상 사람들을 속인 것이요, 정법안장을 전해 주지 않았다면 무엇 때문에 가섭에게만 홀로 전해 주었다고 하는가."

송왈(頌曰)

꽃 한 송이 들어 보임에
꼬리가 이미 드러났네.
가섭의 미소여,
인천(人天)은 영문을 몰라 어리둥절했네.

【 해설 】

염화미소(拈花微笑)로 알려진 본칙 공안은 다음과 같이 두 문장으로 압축하면 훨씬 묘미가 있다.

세존이 꽃을 들어 보이자[世尊拈花]
가섭이 미소 지었다[迦葉微笑].

그러나 여기에서 주어(主語)를 생략하면 공안의 색깔이 보다 선명해진다.

꽃을 들어보이자[拈花]
미소 지었다[微笑].

마지막으로 이 두 줄을 다음과 같이 단 한 줄로 압축한다면 어찌 되겠는가. 참으로 멋진 공안이 될 것이다.

꽃을 들어보였다[拈花].

자 그렇다면 '왜 꽃을 들어 보였는가'라고 줄기차게 의문을 제기하는 것이 본칙 공안을 꿰뚫는 지름길이다. 다시 원점으로 되돌아가서 본칙 공안에 대한 무문의 평을 보자. 무문은 왜 말과 행동이 전혀 다르다고 부처를 나무라고 있는가. 행동[拈花]은 제법 격조가 있었는데 그 내뱉는 말("나에게 정법안장, 열반묘심, 실상무상, 미묘법문이 있는데 이는 불립문자요, 교외별전이다. 내 이를 마하가섭에게 전하노라.")이 형편없었기 때문이다. 귀하신 선남선녀들을 하인 취급을 하며 거친 말을 함부로 내뱉고 있기 때문이다.

정법안장을 전해 주었다면 거짓말이요, 전해 주지 않았다면 이 역시 헛된 말이다. '자, 이게 도대체 어찌된 일인가'라고 무문은 우리를 향해 반문하고 있다.

무문의 이 반문 앞에서 우리는 어리둥절해질 수밖에 없는데 염화와 미소의 소식을 꿰뚫는 실마리가 바로 무문의 이 반문 속에 있다는 것을 알아야 한다. 무문의 본칙 공안 송 제1구와 제2구는 파주의 입장에서 세존 염화의 소식을 읊은 것이요, 제3구와 제4구는 방행의 입장에서 가섭 미소의 소식을 읊은 것이다. 여기 두 사람이 각기 다른 입장에서 본칙 공안의 경지를 읊고 있다.

첫째, 불혜천(佛慧泉)은 방행의 입장에서 염화와 미소의 소식을 이렇게 읊고 있다.

> 서릿바람 휘몰아쳐 마른 풀뿌리 쓸어갈 때
> 봄기운이 돌아오고 있음을 그 누가 알겠는가.
> 고갯마루 매화 먼저 이 비밀을 누설하니
> 매화 한 가지 홀로 눈 속에서 열리네.
> 霜風刮地掃枯荄　誰覺東君令已回
> 惟有嶺梅先漏泄　一枝獨向雪中開

이 시의 제1구와 제2구는 세존 염화의 소식을, 제3구와 제4구는 가섭 미소의 소식을 읊은 것이다.

둘째, 비구니 무착지(無著持)는 파주의 입장에서 염화와 미소의 소식을 이렇게 읊고 있다.

> 머리에 삼백 근의 무쇠 칼을 씌우니
> 그 이치 분명하나 설명은 할 수가 없네.
> 묵묵히 계족봉 앞에 앉아서

금란가사를 빌미로 뒷사람들을 속이고 있네.

頂上鐵枷三百斤　分明有理不容伸

默然雞足峰前坐　猶把金襴詃後人

　시의 제1구와 제2구는 세존 염화의 소식을, 제3구와 제4구는 가섭
미소의 소식을 읊은 것이다.

〈덧붙이는 말〉

　인도 아잔타 석굴에 본칙 공안[拈花微笑]의 벽화가 있는데 1997년
인도 순례 도중 필자가 직접 본 일이 있다. 그리고 1500년 전에 세워
진 튀르키예(터키) 이스탄불의 아야소피아(원래는 동방정교회 성당이었다)
모스크의 벽화에도 이 염화도(拈花圖)가 있다.

제7칙 ─ ● ○

조주의 발우 씻기[趙州洗鉢]

趙州因僧問호대 某甲[1]乍入[2]叢林이니 乞師指示하소서 州云호대
喫粥了也未[3]아 僧云호대 喫粥了也니다 州云호대 洗鉢盂去하라 其僧
有省[4]이라

無門曰, 趙州開口見膽이요 露出心肝이라 者僧[5]聽事不眞하야 喚
鐘作甕이라

頌曰. 只爲分明極[6]하야 翻令[7]所得遲라 早知燈是火면 飯熟已多
時라

---

1 모갑(某甲): ①아무개 ②제가. 여기서는 ②의 뜻.
2 사입(乍入): ~에 갓 들어오다. 들어온 지가 얼마 안 되다.
3 요야미(了也未): ~은 했는가?
4 유성(有省): 깨달은 바가 있다.
5 자승(者僧): 차승(此僧), 질문을 한 승.
6 분명극(分明極): 아주 분명하다.
7 번령(翻令): 오히려 ~을 하게 하다.

【 번역 】

조주에게 어떤 승이 물었다.

"저는 선원에 이제 막 들어왔습니다. 스님께서 가르침을 내려 주십시오."

조주가 물었다.

"죽(아침 공양) 먹었는가?"

승이 말했다.

"예 먹었습니다."

조주가 물었다.

"그럼 죽 그릇을 씻어라."

승은 조주의 이 말에 깨우친 바가 있었다.

무문이 말했다.

"조주는 입을 열어 쓸개를 내보이고 심장과 간을 모두 드러냈다. 그러나 이 승은 들을 줄을 몰라서 종(鍾)을 옹(甕, 항아리)으로 알아들었다."

송왈(頌曰)

너무 분명했기 때문에
오히려 늦게 알게 되었네.
등불이 불이라는 걸 진작 알았더라면
밥 짓는 일은 이미 다 됐을 것이네.

　너무나 분명하기 때문에 오히려 간파하기가 쉽지 않은 공안이다. 조주는 자신의 오장육부를 모두 드러내 보여 주었지만 이 승은 듣는 공부가 잘 되지 않아서 종(鍾)이라는 말을 옹(甕)으로 알아들었다는 무문의 평은 간절하고 정확하다. 자, 그렇다면 이 승이 종을 옹으로 잘못 알아들은 곳이 어디인가? 이 대목을 간파하라. 그러면 본칙 공안의 암호는 풀리게 된다.

　"죽 먹었는가?"라는 다섯 글자 속에 조주의 진면목이 모두 드러나 버렸으나 우리의 눈이 멀었기 때문에 그걸 감지할 수가 없는 것이다.

　"죽 먹었는가?"라는 이 다섯 글자 속에 알몸으로 드러난 이것은 무엇인가? 아방가르드 극초음속 저공 미사일로도 격파할 수 없는 이것은 도대체 무엇인가?

　조주의 진면목이 드러난 곳[喫粥了也未]을 식암관(息庵觀)은 신비로운 풍경 묘사를 빌어 이렇게 노래하고 있다.

　　솔가지에 걸린 달에 학은 서 있고
　　물밑 하늘에 물고기 헤엄쳐 가네.
　　이 풍경을 나 혼자 독차지하고 있지만
　　그러나 단 한 푼도 돈을 쓰지 않았네.
　　鶴立松梢月　魚行水底天
　　風光都占斷　不費一文錢

해중이 만든 수레[奚仲¹造車]

月庵²和尙이 問僧호대 奚仲造車一百輻³에 拈卻⁴兩頭⁵하고 去卻軸⁶이라 明甚麼邊事오

無門曰. 若也⁷ 直下明得⁸하면 眼似流星이요 機如掣電이라

頌曰. 機輪⁹轉處에 達者猶迷라 四維¹⁰上下¹¹요 南北東西라

---

1   해중(奚仲): 수레[車]를 처음 발명한 사람.
2   월암(月庵): 월암선과(月庵善果, 1089~1152), 대위선과(大潙善果), 대혜종고(大慧宗杲)와 같은 시대에 살았던 임제종 선승.
3   일백폭(一百輻): 바큇살이 100개인 수레. 폭(輻)은 수레바퀴와 굴대를 받치는 수레바큇살.
4   염각(拈卻): 거각(去卻)과 더불어 모두 제거한다는 뜻. 각(卻)은 어조사.
5   양두(兩頭): 수레의 두 바퀴[兩輪].
6   축(軸): 굴대. 두 개의 수레바퀴 중심을 가로질러 꿰는 긴 나무.
7   약야(若也): 만일, 야(也)는 어조사.
8   직하명득(直下明得): 바로 이 자리에서 분명히 깨닫다.
9   기륜(機輪): 선사와 수행자 사이의 마음작용[機, 心機]과 문답이 마치 수레바퀴가 구르듯 자유자재한 것.
10 사유(四維): 남서(南西), 북서(北西), 동북(東北), 동남(東南).
11 상하(上下): 위와 아래.

월암 화상이 승에게 물었다.

"해중(奚仲)은 바큇살이 100개인 수레를 만들었는데, (수레의) 두 바퀴와 굴대를 모두 제거했다. 이것은 무엇을 의미하는가?"

무문이 말했다.

"만일 이 자리에서 분명히 깨닫는다면 그 눈빛은 흐르는 별과 같고 그 마음의 작용[機]은 번갯불조차 제압할 것이다."

송왈

기륜(機輪)이 구르는 곳에서는

눈 밝은 이조차 갈피를 못 잡나니

사유상하(四維上下)요,

남북동서네.

【 해설 】

이 공안은 수레의 해체 비유를 통해서 드러나는 본래 자리의 작용[無心]을 밝힌 것이다. 여기서 수레의 두 바퀴[兩頭]는 선악, 대립 등의 상대적인 차별을 뜻하며 굴대[軸]는 절대 차원을 뜻한다.

즉, 있는 것[有]의 쓰임[用]은 없는 것[無]의 작용[用]으로부터 비롯된다는 무(無)의 작용을 나타내 보인 공안이다. 그 근거는 『노자(老子)』

제11장 「무용(無用)」의 다음 장이다.

"삼십 개의 수레바큇살[輻]이 한 개의 바퀴통[轂]으로 모여 있는데 바퀴통 속의 텅 빈 구멍[無]에 굴대[軸]를 끼워 넣음으로써 수레의 굴러가는 작용이 있게 된다. …그러므로 있는 것[有]이 이롭게 쓰이는 것은 없는 것[無]의 작용 때문이다(三十輻共一轂 當其無 有車之用… 故有之以爲利 無之以爲用)."

무문은 본칙 송에서 무(無)를 체험한 사람의 전광석화처럼 빠른 직관력(송의 제1구, 제2구)과 자유자재한 작용을 읊고 있다. 무의 작용은 잠시도 머물러 있지 않고 시공(時空)을 자유자재로 누비고 다니므로 사유상하(四維上下, 제3구)요, 남북동서(南北東西, 제4구)라고 읊은 것이다.

대통지승 부처[大通智勝]

興陽讓[1]和尙 因僧問호대 大通智勝佛[2]이 十劫坐道場에 佛法不
現前이요 不得成佛道時如何오 讓曰호대 其問甚諦當[3]이라 僧云호대
旣是坐道場커니 爲甚麽하야 不得成佛道오 讓曰호대 爲伊[4]不成佛
이니라

無門曰. 只許老胡[5]知[6]요 不許老胡會[7]라 凡夫若知면 卽是聖人이
요 聖人若會면 卽是凡夫라

頌曰. 了身[8]何似[9]了心[10]休오 了得心兮身不愁라 若也身心俱了了

---

1 흥양양(興陽讓): 흥양청양(興陽淸讓), 위앙종의 선승, 생몰연대 미상.
2 대통지승불(大通智勝佛):『법화경』「화성유품」에 나오는 부처님.
3 심체당(甚諦當): 아주 분명하다. 아주 적합하다.
4 이(伊): 저[彼], 여기선 대통지승불을 말함.
5 노호(老胡): 달마대사. 그러나 여기서만은 대통지승불을 지칭하는 말이다.
6 지(知): 반야의 지혜[般若智]로 깨닫는 것.
7 회(會): 분별식정(分別識情)의 이해 수준에 머무는 것.
8 요신(了身): 몸에 대하여 깨닫는 것.
9 하사(何似): ~하는 것과 어찌 같겠는가?
10 요심(了心): 마음을 깨닫는 것.

하면 **神仙¹¹何必¹²更封侯¹³**리오

【 번역 】

흥양양(興陽讓) 화상에게 승이 물었다.

"대통지승불은 10겁 동안 도량에 앉아 수행을 했으나 불법(佛法)은 나타나지 않고 성불도 할 수 없었는데 이때는 어떻습니까?"

흥양양 화상이 말했다.

"그대의 물음은 아주 적절하다."

승이 물었다.

"(대통지승불)은 이미 도량에 앉아 수행을 했거니 왜 불도(佛道)를 이룰 수 없었습니까?"

흥양양 화상이 말했다.

"그(대통지승불)는 성불할 수 없었기 때문이다."

무문이 말했다.

"노호(老胡, 대통지승불)의 지(知, 般若知)는 인정하지만 그러나 노호의 회(會, 분별심)는 인정할 수 없다. 범부가 만일 지혜[知]로 깨닫는다면 성인이요, 성인이 만일 분별심[會]으로 안다면 범부다.

---

11 신선(神仙): 여기서는 몸과 마음을 깨달은 사람, 무위도인(無爲道人)을 말함.
12 하필(何必): 어찌 ~이 필요하겠는가?
13 봉후(封侯): 제후에 책봉되다. 여기서는 성불한다는 뜻.

송왈

몸을 깨닫는 것이 마음을 깨닫는 것과 어찌 같겠는가.
마음을 깨달으면 몸은 더 이상 걱정할 것이 없나니
만일 몸과 마음을 모두 깨닫는다면
신선이 어찌 제후에 봉해지기를 바라겠는가.

【 해설 】

대통지승불은 10겁 동안 도량에 앉아 좌선수행을 했는데 왜 성불할 수가 없었는가. 성불하고자 하는 마음이 남아 있었기 때문이다. 그렇다면 10겁 동안 전혀 좌선수행을 하지 않았다면 어찌 되는가. 역시 성불할 수가 없다. '그럼 어찌해야 성불을 할 수 있겠는가'라고 반문해 보라. 이 물음이 풀릴 때 본칙 공안은 뚫린다. 무문의 평 가운데 늙은 오랑캐[老胡]는 보통 달마대사를 지칭하지만, "그러나 여기서만은 대통지승불을 가리키는 것으로 봐야 한다(『서백초(西柏鈔)』)."

그리고 여기(본칙 공안)에서의 지(知)는 반야의 지혜를, 회(會)는 사량분별심을 뜻한다. 본칙 송의 제1구, "몸을 깨닫는다"는 것은 몸에 대한 집착이 끊어진 상태를, 제2구, "마음을 깨닫는다"는 것은 마음에 대한 집착이 끊어진 상태를 뜻한다. 몸과 마음에 대한 집착이 모두 끊어진 사람에게는 이제 성불도 더 이상 필요치 않다. 왜냐하면 그는 성불의 차원마저 넘어가 버렸기 때문이다. 백척의 장대 끝에서 한 걸음 더 앞으로 나갔기 때문이다[百尺竿頭進一步].

청세, 외롭고 가난하다[淸稅¹孤貧]

曹山²和尙, 因僧問云호대 淸稅孤貧하니 乞師賑濟³하소서 山云호대 稅闍梨⁴여 稅應諾⁵이라 山曰호대 靑原白家酒⁶를 三盞喫了에 猶道未沾脣⁷이라

無門曰, 淸稅輸機⁸하니 是何心行⁹고 曹山具眼하야 深辨來機¹⁰라 然雖如是나 且道하라 那裡是稅闍梨喫酒處오

頌曰, 貧似范丹¹¹이요 氣如項羽¹²라 活計¹³雖無나 敢與鬪富¹⁴라

---

1   청세(淸稅): 조산본적의 문하에 있던 선승. 생몰연대 미상.
2   조산(曹山): 조산본적(曹山本寂, 840~901), 조동종의 창시자.
3   진제(賑濟): 구제해 주다. 도움을 주다.
4   사리(闍梨): 여기선 승려에 대한 일반적인 호칭.
5   응낙(應諾): "예!" 하고 대답하는 것.
6   청원백가주(靑原白家酒): 청원(淸原) 지방의 백가(百家)에서 빚은 명주(名酒).
7   유도미첨순(猶道未沾脣): 입술도 적시지 않았다고 말하다.
8   수기(輸機): 자신의 심기(心機, 마음 상태)를 상대방에게 드러내 보이다.
9   시하심행(是何心行): 무슨 심사인가?
10   심변래기(深辨來機): 질문하는 상대를 잘 간파하다.
11   범단(范丹): 청빈하게 살면서도 만족해했던 선비. 『후한서(後漢書)』, 「열전(列傳)」 71」에 그의 전기가 있다.
12   항우(項羽): 초나라 장군 항우.
13   활계(活計): 능력, 살림살이.

【 번역 】

조산(曹山) 화상에게 승(청세)이 물었다. "청세(淸稅)가 외롭고 가난하오니 스님께서 저를 좀 구제해 주십시오."

조산이 "청세 사리!" 하고 불렀다. 청세는 "예, 스님." 하고 대답했다.

조산이 말했다.

"자네는 지금 청원 백가주(靑原白家酒)를 석 잔이나 마시고도 입술도 적시지 않았다고 거짓말을 하는군."

무문이 말했다.

"청세는 자신의 심정을 상대방에게 모두 드러내 보였으니 이게 무슨 심사인가? 조산은 안목이 있었기 때문에 상대방을 모두 간파했다. 그러나 자, 일러보라. 어느 곳이 청세가 청원 백가주를 (석 잔이나) 마신 곳인가?"

송왈(頌曰)

가난하기는 범단(范丹)과 같고
그 기백은 항우(項羽)와 같네.
단 한 푼도 없지만
그러나 감히 (조산과) 부(富)를 다투네.

---

14 투부(鬪富): 부를 다투다. 진나라 장군 왕개(王愷)와 석숭(石崇)이 부를 가지고 다퉜던 고사에서 유래된 말이다.

선시로 보는 무문관

【 해설 】

본칙 공안에서 청세의 물음은 험주문(驗主問)에 속한다. 겉으로 봐선 청세가 외롭고 가난[孤貧]하기 때문에 조산에게 도움을 청하고 있다. 그러나 여기서의 '외롭고 가난함'이란 번뇌도 없고 깨달음마저 없어져 버린 무일물(無一物)의 상태를 말한다. 그러므로 청세의 물음은 도움을 청하는 식으로 위장을 한 일종의 자기과시다. 그러나 이를 재빨리 간파해 버린 조산은 대뜸 "청세 사리!" 하고 불렀다. 청세는 얼결에 "예!" 하고 대답했다. 그 순간 조산의 질책이 떨어졌다. "자넨 지금 청원 지방의 명주(名酒)를 석 잔이나 마시고도 입술도 적시지 않았다고 거짓말을 한다."라고 청세를 꾸짖고 있다.

자, 그렇다면 청세가 청원백가주를 석 잔이나 마신 곳이 어디인가? 아주 쉬운 것 같으면서도 기찬 속임수가 있는 이 공안은 술을 주제로 삼은 보기 드문 공안이다.

본칙 송의 제1구, 제2구에서 무문은 "외롭고 가난한 청세가 천하장사 항우의 기백으로 조산을 공격하고 있다."라고 읊고 있다. 제3구, 제4구에서는 "단 한 푼도 없으면서[無一物] 청세는 조산과 감히 부(富)를 놓고 한판 대결을 벌이고 있다."라고 읊고 있다.

조주, 두 암주를 간파하다[州勘庵主]

趙州到一庵主[1]處問호대 有麼有麼아 主豎起拳頭라 州云호대 水
淺不是泊舡[2]處라하고 便行이라 又到一庵主處云호대 有麼[3]有麼아 主
亦豎起拳頭[4]라 州云호대 能縱能奪이요 能殺能活이라하고 便作禮라

無門曰, 一般[5]豎起拳頭에 爲甚麼[6]하야 肯一箇[7], 不肯一箇오 且
道하라 訛訛[8]在甚處오 若向者裡[9]하야 下得一轉語[10]하면 便見趙州
舌頭無骨[11]이니 扶起[12]放倒[13], 得大自在라 雖然如是나 爭奈[14]趙州

---

1 암주(庵主): 깨달았지만 굳이 법석(法席)을 열지 않고 조용히 살아가는 수행자.
2 박강(泊舡): 배를 대다. 강(舡)은 선(船)의 속자로도 쓰인다.
3 유마(有麼): 있는가?(집에 계신가?), 험주문(驗主問, 상대방의 경지를 탐색하는 물음)이다.
4 권두(拳頭): 주먹, 두(頭)는 어조사.
5 일반(一般): 여기선 똑같다, 동일하다는 뜻.
6 위심마(爲甚麼): 어째서, 무엇 때문에.
7 일개(一箇): 한 사람[一人].
8 효와(訛訛): ①잘못되다. ②난해하다. 여기선 ①의 뜻.
9 약향자리(若向者裡): 만일 여기[者裏]에서[向].
10 일전어(一轉語): 깨달음의 계기가 될 수 있는 한 마디.
11 설두무골(舌頭無骨): 말이 거침없다.
12 부기(扶起): 상대방을 인정하다[縱, 放行].
13 방도(放倒): 상대방을 부정하다[奪, 把住].
14 쟁나(爭奈): ~했음을 어찌 하겠는가?

卻被二庵主勘破리오 若道호대 二庵主有優劣인댄 未具參學眼[15]이요
若道無優劣인댄 亦未具參學眼이라

頌曰. 眼流星, 機掣電이요 殺人刀, 活人劍이라

【 번역 】

조주가 한 암주의 처소에 가서 물었다. "있는가, 있는가?"

암주는 주먹을 세웠다.

조주는 "물이 얕아서 배를 댈 수 없군."이라고 말하고는 즉시 가버렸다.

(조주는) 또 한 암주의 처소에 가서 물었다.

"있는가, 있는가?"

(이 암주) 역시 주먹을 세웠다. 조주는 "능히 놔주고[放行] 능히 빼앗으며[把住] 능히 죽이고 능히 살린다."라고 말하고는 즉시 절을 했다.

무문이 말했다.

"똑같이 주먹을 세웠는데 어째서 한 사람은 인정하고 또 한 사람은 인정하지 않았는가. 자, 일러보라. 잘못이 어디에 있는가? 만일 여기서 일전어(一轉語)를 말할 수 있다면 조주의 말이 거침없으며 (상대를) 인정하고 인정하지 않는 것이 자유자재함을 보게 될 것이다. 그러나 조주가 오히려 이 두 암주에게 간파당했음을 어찌하겠는가. 만일 이 두 암주에게 우열이 있다고 말한다면 수행의 안목을 갖추지 못한 것

---

15 참학안(參學眼): 수행의 안목.

이요, 또 (이 두 암주에게) 우열이 없다고 하더라도 역시 수행의 안목을 갖추지 못한 것이다."

송왈(頌)

그 눈빛은 흐르는 별과 같고
그 마음 작용은 번갯불보다 빠르나니
사람을 죽이는 칼[殺人刀]이요,
사람을 살리는 검[活人劍]이네.

【 해설 】

본칙 공안에서 "있는가, 있는가[有麼有麼]?"라는 조주의 물음은 다음의 두 가지 뜻을 머금고 있다.

첫째, 집에 있는가(단순 물음)

둘째, 깨달은 바가 있는가(상징적인 물음)

조주의 이 물음에 두 암주는 똑같이 주먹을 세워 보였다. 그런데 조주는 파주의 입장에서 앞의 암주를 부정했고 방행의 입장에서 뒤의 암주를 긍정하고 있다. 도대체 왜 그랬을까. 본칙 공안에 대하여 무문은 평에서 다음과 같이 삼전어(三轉語, 깨달음의 계기가 될 수 있는 세 마디의 말)를 제시한다.

첫째, 조주의 말이 거침없으며 (상대를) 추켜올리고 깔아뭉개는 것이 자유자재하다(趙州舌頭無骨, 扶起放倒, 得大自在).

둘째, 그러나 조주가 오히려 이 두 암주에게 간파당했음을 어찌 하겠는가(雖然如是, 爭奈趙州, 却被二庵主勘破). 그렇다면 조주가 이 두 암주에게 간파당한 곳이 어딘가.

셋째, 만일 이 두 암주에게 우열이 있다고 말한다면 수행의 안목을 갖추지 못한 것이요, (이 두 암주에게) 우열이 없다고 하더라도 역시 수행의 안목을 갖추지 못한 것이다(若道二庵主有優劣 未具參學眼 若道無優劣 亦未具參學眼).

이 두 암주에게 우열이 있다 해도 틀리고 우열이 없다 해도 틀리다면 정답은 도대체 무엇인가…. 눈은 동남쪽을 보고 있지만, 그러나 뜻은 서북쪽에 있다(眼觀東西 意在西北).

우열이 없는 곳에서 우열을 논하는 것은 이 또한 기막힌 속임수가 아닐 수 없다. 여기 조주의 기만전술을 간파하고 무취공(無趣空)은 이렇게 노래하고 있다.

> 강북과 강남은 모두 서울이니
> 햇빛은 어디나 골고루 비추네.
> 피리 소리는 저 동쪽 바람 밖에 있나니
> 석녀(石女)는 이 소리 듣고 눈썹에 웃음 가득하네.
> 江北江南總帝畿　一輪化日照無私
> 邊笛却在東風外　石女聽來笑滿眉

제12칙 — ● ○

서암 화상, 주인공을 부르다[巖喚主人]

瑞巖彦[1]和尙, 每日自喚主人公[2]하고 復自應諾[3]이라 乃云호대 惺
惺着[4]하라 諾. 他時異日[5]에 莫受人瞞하라 諾諾.

無門曰, 瑞巖老子[6]가 自買自賣[7]라 弄出[8]許多神頭鬼面[9]이라 何
故오 聻[10], 一箇喚底요 一箇應底며 一箇惺惺底요 一箇不受人瞞底
나 認著[11]依前[12]還不是라 若也傚他[13]면 總是野狐見解라

---

1 서암언(瑞巖彦): 서암사언(瑞巖師彦), 암두전활(巖頭全豁)의 법을 잇다. 대략 당나라
   말기에서 오대(五代, 850~959)에 걸쳐 살았던 선승.
2 주인공(主人公): 본래의 자기.
3 낙(諾): "예!" 하고 대답하는 것.
4 성성착(惺惺着): 정신 바짝 차려라. 착(着)은 어조사.
5 타시이일(他時異日): 다른 날, 이후로는.
6 노자(老子): 어르신, 노(老)와 자(子)는 모두 남자에게 붙이는 최대의 존칭.
7 자매자매(自買自賣): 스스로 부르고 스스로 대답하다.
8 농출(弄出): 가면극을 연출하다.
9 신두귀면(神頭鬼面): 신(神)의 얼굴을 한 가면과 귀신의 얼굴 가면.
10 이(聻): 잘 보라, 반문, 주의를 환기시킬 때 사용하는 말.
11 인착(認著): 인정하다.
12 의전(依前): 여전히.
13 효타(傚他): 저[他, 서암 화상]를 흉내 내다.

頌曰. 學道之人不識眞하고 只爲從前認識神[14]이라 無量劫來生死本[15]을 癡人喚作本來人이라

【 번역 】

서암사언(瑞巖師彦) 화상은 매일 스스로 "주인공(主人公)아", 부르고 스스로 "예!"라고 대답했다.

그런 다음 이렇게 말했다.

"정신 바짝 차려라." "예."

"이후로는 절대 사람들에게 속지 말아라." "예, 예."

무문이 말했다.

서암 어르신네는 스스로 사고(묻고) 스스로 팔면서(대답하면서) 수많은 신두(神頭)와 귀면의 탈을 쓰고 가면극을 연출하고 있다. 이것은 도대체 무슨 이유인가? 이(聻, 잘 보라). 하나는 부르고 하나는 대답하고 하나는 "정신 바짝 차려라", 하고 하나는 "사람들에게 속지 마라."라고 말하고 있다. 그러나 앞의 이 넷을 모두 알았다고 해도 여전히 본래 주인공은 아니다. (여러분이) 만일 서암을 흉내 낸다면 이 모두가 사악한 견해일 뿐이다.

---

14 식신(識神): 의식(意識), 심식(心識), 개념.
15 생사본(生死本): 생사의 근본 원인.

송왈

수행자는 진(眞, 본성)을 알지 못하고
다만 종전의 식신(識神, 心識)을 (진으로) 잘못 알고 있나니
무량겁래 생사의 근본을
어리석은 사람은 본래자기[本來人]라 부르네.

【 해설 】

자문자답 식으로 전개되고 있는 보기 드문 공안이다. 무문은 시종
일관 파주의 입장에서 서암을 비판하면서 후학들에게 "절대로 서암의
흉내를 내지 말라."고 말하고 있다. 본칙 공안의 송은 원래 장사경잠
(長沙景岑)의 시인데 무문이 잠시 빌려다가 본칙 공안의 송으로 쓴 것
이다.

본칙 송의 제1구, 제2구에서는 사량분별(思量分別)의 작용을 본래자
기[本性]로 착각하는 것에 대하여 읊고 있다.

그러나 좀 더 깊이 본다면 사량분별의 작용은 본성의 굽이침이다.
즉 본성은 체(體)요, 사량분별[식정, 생각]작용은 용(用)이 되는 셈이다.

무명(無明, 번뇌 망상) 그 자체는 불성(佛性, 본성)이요,
허망한 이 육신은 저 불멸의 법신(法身)이네.
법신을 깨닫고 보니 이 세상에 법신 아닌 게 없어
본래의 본성이 그대로 순수한 부처[天眞佛]네.

無明實性卽佛性　幻化空身卽法身
法身覺了無一物　本源自性天眞佛　　　　　　　　－〈證道歌〉

　여기 무문의 파주적인 입장과는 다르게 천의철(天衣哲)은 서암의 기
상과 격외의 곡조를 이렇게 읊고 있다.

　서암은 늘 주인공을 부르며
　수미산 정상에서 솟아오르네.
　이 대지를 뒤엎어 봐도 그를 찾을 길 없나니
　한 곡조 생황의 가락만 저 누각에서 들려오네.
　瑞巖常喚主人公　突出須彌最上峰
　大地掀飜無覓處　笙歌一曲畫樓中

제13칙 — ● ○

덕산, 발우를 들다[德山¹托鉢]

　　德山一日托鉢²下堂³하니 見雪峰⁴問호대 者老漢⁵이 鐘未鳴鼓未
響커니 托鉢向甚處去⁶오 山便回方丈이라 峰擧似⁷巖頭⁸하니 頭云호
대 大小⁹德山이 未會末後句¹⁰라 山聞하고 令侍者喚巖頭來하야 問
曰호대 汝不肯老僧那¹¹아 巖頭密啓¹²其意하니 山乃休去라 明日陞
座에 果¹³與尋常不同이라 巖頭至僧堂前하야 拊掌大笑云호대 且喜

1　덕산(德山): 덕산선감(德山宣鑑, 782~865), 봉(棒)을 사용하기로 유명했던 선승, 원
　　래는 『금강경』의 권위자였다.
2　탁발(托鉢): 여기선 공양을 하기 위하여 '발우를 들고 내려오다'라는 뜻이다.
3　하당(下堂): 식당으로 내려가다.
4　설봉(雪峰): 설봉의존(雪峰義存, 822~908), 조주와 쌍벽을 이뤘던 당말(唐末)의 선승.
5　자노한(者老漢): 자(者)는 차(此)와 같은 뜻. 어르신네, 또는 이 노장.
6　향심처거(向甚處去): 어디로 가는가?
7　거사(擧似): 거론하다. 사(似)는 어조사.
8　암두(巖頭): 암두전활(巖頭全豁, 828~887), 설봉을 깨닫게 해 준 선승.
9　대소(大小): 대소대(大小大), 별것 아닌.
10　말후구(末後句): 깨달음을 완성시키는 최후의 한마디.
11　불긍~나(不肯~那): 나를 인정하지 않는가.
12　밀계(密啓): 은밀하게 말하다.
13　과(果): 과연.

得¹⁴. 老漢이 會末後句라 他後¹⁵天下人이 不奈伊何¹⁶하리라

　無門曰. 若是末後句면 巖頭德山도 俱未夢見在라 撿點將來¹⁷인

댄 好似¹⁸一棚傀儡¹⁹라

　頌曰. 識得最初句면 便會末後句라 末後與最初여 不是者一句²⁰라

【 번역 】

　덕산은 어느 날 발우를 들고 식당으로 내려갔다. 이를 본 설봉(雪
峰)이 말했다. 이 어르신이 (공양 시간을 알리는) 종도 치지 않았고 북도
두드리지 않았는데 발우를 들고 어디로 가시는가?

　(이 말을 들은) 덕산은 (아무 말 없이) 방장실로 되돌아갔다. 설봉이
암두에게 (이 사실을) 말하자 암두가 대뜸 이렇게 말했다.

　"소위 도인이라는 덕산께서 말후구(末後句)도 모르는군."

　덕산은 (암두의 이 말을) 듣고 시자를 시켜 암두를 불러서 물었다.

　"자네는 노승을 인정하지 않는가?"

　암두가 은밀하게 그 참뜻을 말하자 덕산은 이 일에 대해서 더 이상
거론하지 않았다.

　다음날 덕산이 법상에 올랐는데 (설법하는 태도가) 과연 보통 때와

14　차희득(且喜得): 축하할 만하다. 고맙게도 ~하다.
15　타후(他後): 타일금후(他日今後), 오늘 이후로.
16　불내이하(不奈伊何): 저(덕산)을 어찌 할 수 없다.
17　검점장래(撿點將來): 점검하다. 장래(將來)는 어조사.
18　호사(好似): 마치~와 같다.
19　일붕괴뢰(一棚傀儡): 한 무대[一棚] 위의 나무 인형[傀儡]
20　자일구(者一句): 궁극적인 한마디.

는 전연 달랐다. 암두가 승당 앞에 와서 손뼉을 치고 크게 웃으며 말했다.

"다행히도 이 어르신이 말후구를 알았도다. 이후로는 그 누구도 이 어르신을 어찌할 수 없을 것이다."

무문이 말했다.

"만일 말후구라면 암두, 덕산은 꿈에도 보지(깨닫지) 못했을 것이다. 이 두 사람을 점검해 본다면 마치 한 선반 위의 나무 인형과도 같다.

송왈

최초구(最初句)를 알게 되면
말후구(末後句)를 알 것이네.
그러나 말후구와 최초구는
이 일구(一句, 活句)가 아니네.

【 해설 】

덕산은 봉(棒)을 휘두르기로 이름을 날렸던 선승이다. 그런 그가 어느 날 우직하게 수행의 길을 가고 있는 제자 설봉의 공부를 점검하려고 공양 시간을 알리는 종도 치지 않았는데 발우를 들고 식당으로 내려갔다. 마침 식당에서 공양 준비를 하고 있던 설봉은 덕산이 오는 것을 보고는 대뜸 이렇게 혼잣말을 했다.

'방장스님께서 공양 시간을 알리는 종도 치지 않았는데 발우를 들고 도대체 어디를 가시는가, 덕산은 설봉 옆을 지나가면서 설봉의 반응을 눈여겨보다가 설봉의 이 말을 듣는 순간 설봉의 수행이 어느 정도 익었는가를 즉시 간파했다. 그래서 아무 말 없이 방장실로 되돌아갔다[山便回方丈].

그런데 문제는 설봉 쪽이었다. 설봉은 덕산이 자신에게 한방 맞고는 그냥 되돌아가는 줄로만 알았다. 그래서 사제인 암두에게 이 사실을 자랑삼아 말했다. 암두는 즉시 덕산의 기만전술을 간파하고는 설봉에게 이렇게 말했다.

"소위 도인이라는 덕산께서 말후구도 모르는군[大小德山未會末後句]."

암두의 이 말이 삽시간에 대중들에게 퍼져서 마침내는 덕산의 귀에까지 들어갔다. 덕산은 이제 암두의 수행 정도를 점검해 보려고 암두를 불러서 물었다.

"자넨 나의 깨달음을 인정하지 않았다면서."

이 말을 들은 암두는 빙긋이 웃으면서 덕산에게 바짝 다가가 말했다.

"사실은 설봉을 속이기 위한 연막전술이었습니다."

덕산은 암두의 이 말을 듣고 암두의 수행 공부가 설봉을 훨씬 능가했다는 것을 알았다. 암두는 덕산에게 재차 이렇게 말했다.

"설봉은 고지식하고 우직한 수행자입니다. 그러므로 기만전술이나 파격적인 교육 방법보다는 원리 원칙적인 방법이 더 효과적일 것 같습니다."

덕산이 말했다.

"음, 자네 말을 참작하겠네."

그다음 날 덕산은 법상에 올라갔는데 여느 때와 같은 파격적인 방법은 전혀 사용하지 않았다. 대신 아주 근엄하고 진지하게 설법을 시작했다. 이를 본 암두는 자리에서 일어나 손뼉을 치며 이렇게 말했다.

"우리 방장스님께서 비로소 말후구를 알았도다. 살인도와 활인검을 동시에 사용하고 있는 이 어르신을 그 누구도 대적할 수 없을 것이다."

설봉은 암두의 이 말을 듣고 덕산이 비로소 말후구를 깨달은 것이라고 생각했다.(여기까지가 본칙 공안에 해당한다.)

그로부터 3년 후 덕산은 입적(入寂)했다. 그래서 암두는 설봉을 데리고 다시 행각길에 올랐다. 행각 도중 오산진(鰲山鎭)에서 폭설을 만나 민가에 머물게 됐는데 설봉은 매일 밤늦도록 좌선을 하고 있었으나 암두는 줄곧 잠만 자고 있었다. 어느 날 밤 잠에서 깬 암두는 설봉이 아직도 좌선하는 것을 보고 말했다.

"그만 잠 좀 잡시다."

설봉이 말했다.

"마음이 편치 않아서 잠을 잘 수가 없네."

암두가 벌떡 일어나 앉으며 설봉에게 말했다.

"그렇다면 그동안의 수행 체험을 얘기해 보십시오. 제가 일일이 점검해 드리겠습니다."

그래서 설봉은 그동안의 수행 체험을 낱낱이 말했다. 그러나 그럴 때마다 암두는 고개를 저으며 그건 아니라고 말했다.

"밖에서 들어온 것(개념을 통해서 이해한 것)은 자신의 것이 아닙니다. 진정한 자기 것이란 무엇인가. 그것은 자기 자신 안에서 개념의 망막을 찢고 용솟음치는 그런 것입니다. 자기 자신 안에서 터져 나와 온 우주를 뒤덮는 바로 그런 것입니다."

이 말을 듣는 순간 설봉은 문득 긴 잠에서 깨어났다. 깨달음의 순간이 온 것이다. 설봉은 덩실덩실 춤을 추며 말했다.

"사형, 오산진에서 비로소 오도(悟道)했습니다."

암두는 설봉보다 세 살 연하였으므로 설봉의 사제가 되는데 설봉은 늘 암두의 지도를 받고 있었기 때문에 자기보다 세 살 어린 암두를 사형이라고 이렇게 높여 부른 것이다.

그 후 설봉은 강남(양자강 남쪽)의 설봉산(雪峯山)에 주석하면서 많은 수행자들을 지도하게 되었는데 이 설봉 문하에서 운문(雲門)이 나와 운문종을, 그리고 현사(玄沙)가 나와 현사, 지장, 법안으로 내려가서 법안종(法眼宗)이 성립됐다. 이렇게 하여 선종의 다섯 종파 가운데 두 종파가 설봉 문하에서 나오게 된 것이다. 그래서 다음과 같은 말이 전설처럼 퍼지게 되었다.

"북쪽에는 조주요, 남쪽에는 설봉이다[北趙州 南雪峰].

본칙 송의 제1구·제2구는 방행의 입장에서 말후구를 읊은 것이다. 왜냐하면 행주좌와(行住坐臥) 어묵동정(語默動靜)이 말후구 아닌 게 없기 때문이다. 그리고 제3구·제4구는 파주의 입장에서 말후구를 읊은 것이다. 진정한 말후구는 말후구마저 넘어가야만 하기 때문이다. 말후구는 진정한 말후구가 아니니 이것이 바로 말후구다[末後句 卽非末後句 是名末後句].

그리고 본칙 공안의 핵심은 다음의 두 곳이다.

첫째, 덕산이 아무 말 없이 방장실로 되돌아간 곳,

둘째, 암두가 말후구를 몰랐다고 덕산을 깎아내린 곳,

우직한 설봉을 점검하고 난 다음 설봉을 통해서 암두를 점검한 덕산의 깊은 뜻을 무견도(無見覩)는 이렇게 읊고 있다.

억새 핀 모래톱, 바람에 밀리는 피리 소리

저녁 구름은 사라지고 물속에 하늘 잠겼네.

한없이 깊은 이 가을 정취는

물가의 갈매기 저 차가운 눈 속에 있네.

紅蓼丁洲一笛風　暮雲滅盡水呑空

可憐無限深愁意　祗在汀鷗冷眼中

제14칙 — ● ○

남전과 고양이[南泉斬猫]

南泉¹和尙이 因東西兩堂²爭猫兒³에 泉乃提起⁴云호대 大衆道得⁵
卽救하고 道不得卽斬卻也하리라 衆無對니 泉遂斬之라 晩趙州外歸
하니 泉擧似⁶州라 州乃脫履⁷하야 安頭上⁸而出이라 泉云호대 子⁹若
在면 卽救得¹⁰猫兒라

無門曰. 且道하라 趙州頂草鞋意作麽生고 若向者裡¹¹下得¹²一轉
語하면 便見南泉令이 不虛行이라 其或未然인댄 險¹³이라

---

1 남전(南泉): 남전보원(南泉普願, 748~834). 조주의 스승. 속성이 왕씨였기 때문에
    왕노사(王老師)라고도 한다.
2 동서양당(東西兩堂): 선원의 동당(東堂)과 서당(西堂).
3 묘아(猫兒): 고양이. 아(兒)는 어조사.
4 제기(提起): 거기(擧起). 여기서는 '(고양이를) 집어들다'는 뜻.
5 도득(道得): (한마디) 말하다. 득(得)은 어조사.
6 거사(擧似): 거론하다. 사(似)는 어조사.
7 이(履): 신발. 짚신.
8 안두상(安頭上): 머리 위에 얹다(이다).
9 자(子): 자네. 여기서는 조주.
10 구득(救得): 구하다. 득(得)은 어조사.
11 약향자리(若向者裡): 약어차리(若於此裡). 만일, 여기서.
12 하득(下得): (한마디) 말할 수 있다.
13 험(險): 아주 위험하다. 위험천만.

頌曰. 趙州若在하야 倒行此令하야 奪卻刀子[14]면 南泉乞命[15]하리라

【 번역 】

남전 화상은 어느 날 동서 양당의 수행자들이 고양이 한 마리를 놓고 다투는 것을 보았다. 남전은 (고양이를) 집어 들고 말했다.

"자, 여러분 한마디 일러보라. 그러면 고양이 목숨을 구할 수 있다. 그러나 만일 한마디 이르지 못하면 고양이의 목을 베리라."

대중들이 아무 말이 없자 남전은 고양이 목을 베어 버렸다. 저녁때가 되어 조주가 돌아왔다. 남전은 조주에게 (낮에 있었던 고양이 사건을) 말했다. 그러자 조주는 짚신을 벗어 머리에 얹고 나가 버렸다. (이를 본) 남전은 말했다.

"자네가 만일 (낮에) 있었더라면 고양이를 살릴 수 있었을 것이다."

무문이 말했다.

"자, 일러보라. 조주가 짚신을 (벗어) 머리에 얹은 것은 무슨 뜻인가? 만일 여기서 한마디 이를 수 있다면 남전의 법령(法令)이 헛되게 행해지지 않았다는 것을 알 수 있을 것이다. 그러나 이렇질 못한다면 아주 위험하기 이를 데 없다."

---

14 도자(刀子): 칼, 자(子)는 어조사.
15 걸명(乞命): (목숨만) 살려달라고 애원하다.

송왈(頌曰)

(그 당시) 조주가 만일 있어서
거꾸로 이 법령을 시행하여
남전의 칼을 뺏었더라면
남전은 목숨만 살려달라고 애걸했을 것이네.

【 해설 】

남전 화상이 주석하던 남전산 선원의 동당(東堂)과 서당(西堂) 수
행자들이 고양이 한 마리를 놓고 말싸움을 벌였다. 말싸움의 주제는
"고양이에게도 불성(佛性)이 있는가 없는가?"였다. 남전은 이 말싸움
의 한가운데로 뛰어 들어가 고양이 목을 베어 버렸다. 남전은 왜 고양
이 목을 베었는가를 꿰뚫는 것이 본칙 공안의 첫 번째 관문이다. 율
장(律藏)에 보면 절에서 가축 기르는 것을 금지하고 있다. 그러나 경판
(經板)을 갉아 먹는 쥐를 막기 위해서 절에서 고양이를 기르는 풍습이
언제부턴가 생겨났다. 그래서 경판을 건네줄 때 고양이를 동시에 선물
한 예가 실제로 있었다고 한다[西柏鈔].

저녁 무렵 조주가 돌아오자 남전은 낮에 있었던 고양이 사건을 말
하면서 제자인 조주에게 물었다.

"자네라면 내 물음에 어떻게 대답하겠는가?"

이 말이 채 끝나기가 무섭게 조주는 신발을 벗어 머리에 이고 나가
버렸다. 이를 본 남전은 조주를 극찬했는데, 조주는 왜 신발을 벗어

머리에 이고 나가 버렸는가를 꿰뚫는 것이 본칙 공안의 두 번째 관문이다. 무문의 본칙 송은 남전의 전술 전략을 꿰뚫어 보고 있는 조주에 대한 극찬이다. 남전이 고양이 목을 베려는 순간 조주가 만일 남전의 칼을 뺏었더라면 어찌 되었겠는가? 남전은 목숨만 살려달라고 애걸하지 않을 수 없었을 것이다. 여기 조주의 안목을 신비롭게 묘사한 용문원(龍門遠)의 시가 있다.

짚신 벗어 머리에 얹었으니 누가 이를 논하리.
바다에 바람 없어 물결은 잠들었네.
노래는 끝났으나 사람은 안 보이고
강물 위엔 산봉우리들만 짙푸르네.
草鞵頭載與誰論　四海無風浪自平
解道曲終人不見　江頭贏得數峰靑

제15칙 ─● ○

동산의 세 방망이[洞山¹三頓]

雲門²因洞山參³次에 門問曰호대 近離甚處오 山云, 查渡⁴니다 門
曰, 夏在甚處오 山云, 湖南報慈니다 門曰幾時離彼오 山云, 八月
二十五니다 門曰, 放汝三頓棒하리라 山至明日, 卻上問訊⁵호대 昨日
蒙和尚放三頓棒⁶이나 不知過在甚麼處니다 門曰, 飯袋子⁷여 江西
湖南을 便恁麼去아 山於此大悟라

無門曰, 雲門當時, 便與本分草料⁸하야 使洞山別有生機一路⁹면
家門不致寂寥라 一夜在是非海裡하야 着到 直待天明¹⁰하야 再來에

---

1   동산(洞山): 동산수초(洞山守初, 910~990), 운문의 법을 이었으며 공안 '마삼근
    (麻三斤)'으로 유명하다. 동산양개(洞山良价)와 혼동하지 말 것.
2   운문(雲門): 운문문언(雲門文偃, 864~949), 운문종의 창시자.
3   참(參): 선지식을 찾아뵙고 가르침을 받는 것.
4   사도(查渡): 호남(湖南)에서 광동 소주 운문산으로 오는 도중의 지명인 듯하다.
5   문신(問訊): ~을 묻다.
6   삼돈봉(三頓棒): 방망이 세 대.
7   반대자(飯袋子): 밥통, 밥주머니. 상대방을 얕잡아 부르는 말.
8   본분초료(本分草料): 본분인(本分人, 참선 수행자)으로 살아갈 수 있는 식량, 단도직
    입적인 가르침.
9   생기일로(生機一路): 활기찬 독자적인 길.
10 직대천명(直待天明): 날이 밝기를 기다리다.

又與他注破¹¹하니 洞山直下悟去나 未是性燥¹²라 且問諸人하노니 洞山이 三頓棒을 合喫가 不合喫가 若道合喫이면 草木叢林이 皆合喫棒이요 若道不合喫이면 雲門又成誑語라 向者裡¹³明得하면 方與洞山出一口氣¹⁴라

頌曰. 獅子教兒迷子¹⁵訣¹⁶이니 擬前¹⁷跳躑¹⁸早翻身¹⁹이라 無端²⁰再叙當頭着²¹하니 前箭猶輕後箭深이라

【 번역 】

동산(洞山)이 가르침을 받고자 운문을 찾아왔다.

운문이 물었다.

"어디서 오는 길인가?"

동산이 대답했다.

"사도(查渡)에서 오는 길입니다."

운문이 물었다.

11　주파(注破): 주석을 달다. 설명을 해 주다.
12　성조(性燥): 성미가 급하다. 그러나 여기서는 '안목이 열리다'는 뜻임.
13　향자리(向者裡): 여기에서.
14　출일구기(出一口氣): (동산과) 함께 호흡하다. 동산과 동일한 깨달음의 경지를 체험하다.
15　미자(迷子): 궁자(窮子), 어리석은 아들.
16　결(訣): 비결, 비법.
17　의전(擬前): 앞으로 떨어지려고 하다. 의(擬)는 '~하려고 하다.'라는 뜻이다.
18　도척(跳躑): 재빨리 뛰어오르다.
19　번신(翻身): 몸을 뒤집다.
20　무단(無端): 뜻밖에, 생각지도 않게.
21　당두착(當頭着): 당두(當頭)는 정중앙, 착(着)은 화살 등이 목표물에 명중하다.

"여름 하안거는 어디서 났는가?"

동산이 말했다.

"호남의 보자사(報慈寺)에서 났습니다."

운문이 물었다.

"언제 그곳을 떠났는가?"

동산이 대답했다.

"8월 25일입니다."

운문이 말했다.

"자네에게 몽둥이 세 대를 내리노라."

동산은 그다음 날 다시 방장실로 올라와서 (운문에게) 물었다.

"어제 스님에게 몽둥이 세 대를 맞는 자비로움을 입었으나 제 잘못이 어디에 있는지 모르겠습니다."

운문이 말했다.

"이 밥통아, 강서와 호남을 이런 식으로 다녔단 말이냐?"

동산은 (운문의) 이 말에서 크게 깨달았다.

무문이 말했다.

"운문이 그 당시 단도직입적인 가르침[本分草料]을 줘서 동산으로 하여금 활기차게 독자적인 길(경지)을 가게 했더라면 운문의 가문(운문종)은 적막해지지 않았을 것이다. 하룻밤 동안 시시비비의 바닷속에 있다가 날이 새기를 기다려서 다시 옴에 운문은 그(동산)를 위해서 설명을 해 주니 동산은 그 즉시 깨달았으나 이것은 철저한 깨달음이라고 볼 수가 없다. 여러분께 묻노니 동산이 운문의 세 방망이를 맞는 게 옳은가, 맞지 않는 게 옳은가? 만일 맞는 게 옳다면 초목(草木)과 총림(叢林)이 모두 운문의 세 방망이를 맞아야 한다. 그러나 맞지 않는 게 옳다면 운문이 거짓말을 한 꼴이 된다. 여기서 분명히 알아차린다면(여러분도) 동산과 같은 경지에 이르게 될 것이다."

송왈(頌曰)

저 사자가 새끼들을 가르치는 비결이니
앞(절벽)으로 떨어지려 하면 뛰어올라 몸을 회전하네.
뜻밖에도 다시 던진 말이 명중했으니
앞 화살은 가벼웠으나 뒤 화살이 깊게 박혔네.

【 해설 】

동산수초(洞山守初)는 섬서성 봉상(鳳翔)에서 출발, 동정호의 남쪽을 거쳐 광동의 소주(韶州) 운문산(雲門山)으로 운문문언을 찾아 머나먼 행각 길에 올랐다. 때는 당나라가 망하고 오대(五代)의 전란 시대로서 사방에서 전쟁이 일어나 목숨이 위태롭던 때였다. 천신만고 끝에 운문을 찾아온 동산에게 운문은 마치 호구조사원과도 같이 다음의 세 마디 질문을 던졌다.

어디서 오는 길인가(近離甚處)?
여름 하안거는 어디서 났는가(夏在甚處)?
언제 그곳을 떠났는가(幾時離彼)?
동산은 운문의 이 물음에 성실하게 대답했다.

그런데 운문은 느닷없이 "몽둥이 세 대를 내리노라."라고 하면서 주장자로 동산을 세 번 때렸다. 얼떨결에 얻어맞은 동산은 객실로 내려와 아무리 생각해 봐도 자신이 왜 맞았는지 알 수가 없었다. '묻는 대로 대답한 것이 도대체 무슨 잘못이 있기에 때린단 말인가?' 이렇게 생각한 동산은 꼬박 날밤을 새우며 왜 맞았는지를 생각해 봤으나 도무지 알 길이 없었다. 그래서 날이 밝기가 무섭게 방장실로 올라가 운문에게 말했다.

"제가 무엇을 잘못했기에 얻어맞았는지 알 수가 없습니다."

그 순간 운문의 불호령이 떨어졌다.

"이 밥벌레야, 강서(江西)와 호남(湖南)의 총림을 이런 식으로 다녔단 말이냐?"

동산은 운문의 이 말에 문득 자신이 왜 맞았는가를 깨닫게 되었다. 그러나 무문은 운문을 향해서 이렇게 말했다.

"밥벌레라는 말 대신 봉(棒)이나 할(喝) 등을 써서 동산에게 좀 더 강렬한 충격을 주었더라면 운문의 종풍(宗風)은 지금(南宋末)처럼 시들지는 않았을 것이다. 사실 운문종은 초창기에는 그 기세가 임제종을 능가했다. 그러나 200년이 지나면서부터는 점점 침체되기 시작했다. 무문은 또 동산을 향해서는 이렇게 말했다.

"날밤을 새우며 자신의 잘못을 찾다가 재차 운문에게 와서 한 소식을 하긴 했으나 이것은 철두철미한 깨달음이라고 볼 수가 없다. 왜냐하면 여기 하늘과 땅이 뒤집어지는 대전환이 없었기 때문이다. 무문은 본칙 송의 제1구와 제2구에서 사자가 새끼들을 가르치는(기르는) 비결에 대해서 읊고 있다. 사자는 새끼들을 절벽 밑으로 던져버린 다음 절벽 위로 기어 올라오는 놈만 기른다. 즉 용맹스럽고 의지가 강한 놈만 키우고 나머지는 버린다. 여기서 사자는 운문에, 그리고 사자 새끼는 동산에 해당한다.

본칙 송의 제3구에서는 다음날 아침 다시 찾아온 동산에게 "이 밥벌레야!"라고 호통친 운문을 읊고 있다. 제4구의 앞의 화살은 "몽둥이 세 대를 내리노라."는 운문의 말이다. 그리고 뒤의 화살은 "이 밥벌레야!"라고 호통친 대목이다.

제16칙 ─ ● ○

운문의 가사[鐘聲七條]

雲門[1]曰, 世界恁麽[2]廣闊커니 因甚[3]向鐘聲裡[4]에 披[5]七條[6]오

無門曰, 大凡[7]參禪學道는 切忌[8]隨聲逐色이라 縱使[9]聞聲悟道, 見色明心이라도 也是尋常이라 殊不知, 衲僧家는 騎聲蓋色하야 頭頭[10]上明하고 着着[11]上妙라 然雖如是나 且道하라 聲來耳畔가 耳往聲邊가 直饒[12]響寂[13]雙忘하면 到此如何話會[14]오 若將耳聽應難會니

1 　운문(雲門): 운문문언(雲門文偃, 864~949). 운문종의 창시자.
2 　임마(恁麽): 이렇게.
3 　인심(因甚): 인심마(~麽), 뭣 때문에.
4 　향종성리(向鐘聲裡): 종소리를 듣다.
5 　피(披): (옷)을 입다.
6 　칠조(七條): 칠조가사(七條袈裟), 예불이나 법회 때 주로 입는 가사.
7 　대범(大凡): 문장의 첫머리에 쓰는 말. 굳이 번역할 필요가 없다.
8 　절기(切忌): ~하는 것을 꺼리다.
9 　종사(縱使): 비록 ~라 하더라도.
10 　두두(頭頭): 사물마다, 일마다. 사사물물(事事物物).
11 　착착(着着): 바둑의 한 수 한 수. 여기서는 한 발짝 한 발짝 정도의 뜻임.
12 　직요(直饒): 비록 ~라 해도
13 　향적(響寂): 향(響)은 소리, 동(動)의 뜻, 적(寂)은 소리 없음, 정(靜)의 뜻이다.
14 　화회(話會): 설명하다.

眼處聞聲方始親[15]이라

頌曰. 會則事同一家요 不會萬別千差며 不會事同一家요 會則萬
別千差라

【 번역 】

운문이 말했다.

"세계는 이렇듯 드넓은데 무엇 때문에 종소리를 듣고 칠조가사(七條
袈裟)를 입는가?"

무문이 말했다.

"참선수행을 하는 데에는 소리를 따라가고 색(色, 형체와 색깔)을 쫓
아가는 것을 금기시하고 있다. 비록 소리를 듣고 깨달으며 색을 보고
마음을 밝히더라도 이는 대단한 것이 아니다. 수행자는 소리를 잡아
타고 색을 제압해서 일마다 분명하며 한 수 한 수가 묘하다는 이 사
실을 전혀 모르고 있다. 그러나 자, 일러보라. 소리가 귀 쪽으로 오는
가, 귀가 소리 쪽으로 가는가. 비록 소리와 소리를 듣는 마음이 둘 다
없다 하더라도 이런 경지에 이르러서는 어떻게 이를 설명할 수 있겠는
가. 만일 귀로 소리를 듣는다면 알기가 어렵나니 눈으로 소리를 들을
수 있어야만 비로소 도와 가까워질 수 있을 것이다."

---

15   친(親): 친하다, 가까워지다, 하나가 되다.

송왈(頌曰)

깨닫고 보면 이 모든 것은 하나(一家)며
깨닫지 못하면 이 모든 것은 천차만별이네.
분별심이 없다면 이 모든 것은 하나로 보이지만
그러나 알고 보면 이 모든 것은 천차만별이네.

【 해설 】

　어느 날 운문은 설법을 알리는 종소리를 듣고 설법당에 올라가 이
종소리를 근거로 이렇게 설법을 시작했다.
　"깨달은 사람에겐 규범이나 규칙 따위가 더 이상 필요치 않다. 왜
냐하면 그는 그 자신의 생명의 굽이침으로 살아가기 때문이다. 보라,
세계는 이렇듯 드넓은데 깨달은 사람이 무엇 때문에 이 종소리를 듣
고 법회에 참석하기 위하여 굳이 칠조(七條) 가사를 입는단 말인가?"
　본칙 공안에 대하여 무문은 이렇게 평하고 있다. 귀를 소리 쪽으로
기울일 것[有心]이 아니라 소리가 귀 쪽으로 와야 한다[無心]. 그리하여
소리[響]와 이 소리를 듣는 마음[寂]이 모두 없어져야만 한다[雙亡]. 귀
로 소리를 들을 것(상대적인 경지)이 아니라 눈으로 소리를 들을 수 있
어야만 한다(절대적인 경지, 事事無碍의 차원).
　본칙 송의 제1구에서는 깨닫고 난 다음에 체험하는 존재의 동질성
을 읊고 있다. 제2구에서는 아직 깨닫지 못했기 때문에 남과 내가 다
르다고 느끼는 존재의 차별성을 읊고 있다. 제3구는 무분별[不會], 즉

본질의 입장에서 본 사사무애(事事無碍)의 경지를 읊은 것이다. 이에
대하여 제4구는 분별[會], 즉 현상의 입장에서 본 존재들의 제각기 다
른 특성[千差萬別]을 읊은 것이다.

충국사, 시자를 부르다[國師¹三喚]

國師三喚侍者하니 侍者三應이라 國師云호대 將謂²吾辜負³汝커니 元來卻是汝辜負吾라

無門曰. 國師三喚은 舌頭墮地⁴요 侍者三應은 和光⁵吐出⁶이라 國師年老心孤하야 按牛頭喫草⁷나 侍者未肯承當⁸이니 美食不中飽人餐이라 且道하라 那裡是他辜負處오 國淸⁹才子¹⁰貴요 家富小兒嬌라

頌曰. 鐵枷無孔¹¹要人擔하니 累¹²及兒孫不等閑이라 欲得撑門幷

---

1   국사(國師): 남양혜충(南陽慧忠, ?~775) 국사. 육조 혜능의 법을 이음.
2   장위(將謂): ~인 줄 알았더니
3   고부(辜負): 배반하다, 등지다, 어긋나다, 합하지 않다.
4   설두타지(舌頭墮地): 혀가 땅에 떨어지다. 즉 너무 말을 많이 하다.
5   화광(和光): 화광동진(和光同塵)의 준말. 자기를 감추고 상대방의 수준에 맞추는 것.
6   토출(吐出): 부지불식간에 속마음을 내보이는 것.
7   안우두끽초(按牛頭喫草): 소머리를 어루만지며 풀을 먹이다. 잘 보살펴 주다.
8   미긍승당(未肯承當): 인정하지 않다. 받아들이지 않다.
9   국청(國淸): 나라가 무사태평해지다.
10   재자(才子): 재능 있는 사람[才士].
11   철가무공(鐵枷無孔): 무공철가(無孔鐵枷), 철가(鐵枷), 가(枷)는 목에 씌우는 옛날식 형틀.
12   누(累): 폐단, 무공철가를 어깨에 짊어져야만 하는 고통(구멍이 안 뚫렸으므로 머리에 쓰지 못하고 어깨에 짊어져야만 하는 고통).

拄戶[13]댄 更須[14]赤脚[15]上刀山[16]하라

【 번역 】

국사가 시자를 세 번 부르자 시자가 세 번 응답했다. 국사가 말했다.

"내가 너를 배반한 줄만 알았더니 원래부터 자네가 나를 배반했었구나."

무문이 말했다.

"국사의 세 번 부름은 너무 말이 많은 것이요[舌頭墮地], 시자가 세 번 응답한 것은 상대방의 수준에 맞게 자신을 낮춘 것이다[和光吐出]. 국사는 나이가 많고 외로워서 이토록 자상하게 보살폈으나 시자는 이를 받아들이지 않았으니 아무리 맛있는 음식이라도 배부른 사람이 먹기엔 적당치 않다. 자, 일러보라. 어느 곳이 저(시자)가 (국사를) 배반한 곳인가? 나라가 태평해지면 재능 있는 인재가 귀하게 대접받고 집안이 부유해지면 자식들이 교만해진다."

송왈

구멍 없는 칼[枷]을 짊어지려 하니

---

13   탱문병주호(撑門幷拄戶): 선(禪)의 정신을 바로 세우다.
14   갱수(更須): 다시금 ~하지 않으면 안 된다.
15   적각(赤脚): 맨발, 맨다리.
16   도산(刀山): 도산지옥, 칼산지옥.

그 고통이 후손에게까지 미쳐 등한시할 수가 없네.

기울어가는 선문(禪門)을 바로 세우고자 한다면

맨발로 저 칼산[刀山]을 오를 각오를 해야 하네.

【 해설 】

혜충 국사와 시자가 등장하는 이 공안은 예로부터 간파하기가 어렵기로 소문이 나있다.

"충국사가 시자를 세 번 부르자[三喚] 시자는 세 번 응답했다[三應]."

이것이 공안의 전부다. 이 공안은 너무나 단순하고 명료하기 때문에 오히려 그 핵심을 간파하기가 어려운 것이다. 자, 이 점을 염두에 두고 이 공안의 탐구를 시작해 보자.

충국사는 왜 시자를 세 번이나 불렀는가? 그것은 시자를 깨우쳐 주기 위한 노파심 때문이었다. 그렇다면 시자는 왜 세 번이나 응답했는가. 그것은 충국사의 노파심에 보조를 맞추기 위해서였다. 충국사가 시자를 부른 것은 부처가 꽃 한 송이를 들어 보인 대목[拈花]이요, 시자가 응답한 것은 가섭이 미소 지은 대목[微笑]이다.

"내가 너를 배반한 줄만 알았더니 원래부터 자네가 나를 배반했다."는 충국사의 말은 파주의 입장에서 시자의 경지를 인가한 대목이다. 충국사가 부르고 시자가 응답한 이 대목은 언어로 설명할 수도 그림으로 그릴 수도 없다. 왜냐하면 이것은 이심전심의 경지이기 때문이다. 그래서 수암일(水庵一)은 이렇게 읊고 있다.

"신묘한 화가라도 이를 그릴 수 없네[縱有丹靑畵不成]."

충국사의 시자는 뒷날의 탐원응진(耽源應進) 선사로서 『벽암록』 제18칙(忠國師無縫塔)에 나온다.

"국사가 자상하게 보살폈으나 시자는 이를 받아들이지 않았다."는 말은 무슨 뜻인가? 시자는 이미 눈이 열렸으므로 충국사의 자상한 보살핌이 더 이상 필요치 않았다는 뜻이다. 시자는 이미 눈이 열렸으므로(배가 불렀으므로) 아무리 좋은 가르침이라도 별 필요가 없었던 것이다.(아무리 좋은 음식이라도 더 이상 먹을 수가 없었던 것이다.) '나라가 태평해지면 재능 있는 인재가 귀하게 대접받는다.'는 것은 충국사를 칭찬한 대목이다. '집안이 부유해지면 자식들이 교만해진다.'는 말은 반어법적으로 시자를 칭찬한 대목이다. 이 두 문장은 『명심보감』에 나오는 태공망(太公望)의 말인데 무문이 이를 인용한 것이다.

본칙 송에서 무문은 본칙 공안을 꿰뚫기 위해서는 비장한 각오가 있어야 한다는 것을 강조하고 있다. 그리고 여기 오조법연(五祖法演)은 방행의 입장에서 본칙 공안을 다음과 같이 읊고 있다.

세 번 부르자 세 번 응답했으니
피차가 서로 배반하지 않았네.
충국사의 가풍이 모두 드러났으니
그 명성 길 위에 가득 넘치네.
三呼三應咶　彼此不相辜
躡斷南陽路　馨香滿道途

동산의 마삼근[洞山¹三斤]

洞山和尙, 因僧問호대 如何是佛이닛고 山云 麻三斤²이라

無門曰, 洞山老人은 參得³些⁴蚌蛤禪⁵이니 纔開兩片하면 露出肝腸이라 然雖如是나 且道하라 向甚處⁶見洞山고

頌曰. 突出麻三斤하니 言親意更親이라 來說是非者는 便是是非人이라

【 번역 】

동산 화상에게 (어떤) 승이 물었다.

---

1 동산(洞山): 제15칙 참조.
2 마삼근(麻三斤): 세 근의 마, 이 세 근의 마로 삼베를 짜면 승복 한 벌이 나온다.
3 참득(參得): 참구하다, 탐구하다.
4 사(些): 여기선 어세를 강하게 하는 어조사.
5 방합선(蚌蛤禪): 대합조개[蚌蛤]가 입을 벌리면 내장까지 모두 보이듯 동산은 '마삼근'이란 세 글자를 통하여 자신의 살림살이를 모두 내보여 주었다는 뜻. 이 말은 무문혜개 자신이 만든 말이다.
6 향심처(向甚處): 어느 곳에서, 향(向)은 어(於)와 같은 전치사로서 '~에서'의 뜻.

"부처란 무엇입니까?"

동산이 말했다.

"마삼근(麻三斤)."

무문이 말했다.

동산 어르신네는 방합선(蚌蛤禪)을 참구했나니 입을 열면 그 즉시 오장육부가 모두 드러난다. 그러나 자, 일러보라. 어디서 동산을 볼 수 있는가?

송왈

마삼근을 불쑥 내보이니

말과 그 뜻이 모두 친절하네.

시비를 말하는 자는

바로 시비를 일으키는 장본인이네.

【 해설 】

동산수초는 승복 한 벌의 옷감을 짜기 위하여 창고에서 마(麻)를 저울에 달고 있었다. 그때 어떤 승이 다가와 "부처란 무엇입니까?"라고 물었다. 마침 저울에 단 마의 무게가 세 근을 가리키고 있었으므로 동산은 순간적으로 "마삼근(麻三斤)."이라고 말했다. 이렇게 알았더라도 이것은 정답이 아니다. 왜냐하면 '마삼근'이라는 이 세 글자 속에 부처가 드러난 곳이 있는데 이를 간파해야만 하기 때문이다.

원오극근은 『벽암록』 제12칙에서 본칙 공안에 대하여 이렇게 말했다.

"이 공안을 대부분의 사람들이 잘못 알고 있나니 응답하기도 어렵고 설명할 수도 없다. 왜냐하면 담백하여 아무 맛이 없기 때문이다.

"부처란 무엇이냐?"라는 물음에 옛 사람들은 여러 가지로 대답했으나… (동산의 이 대답은) 옛사람들의 말을 모두 제압해 버렸다고 할 수 있다. (그런데) 사람들은 대부분 (동산의 이 말을) 잘못 알고는 이렇게 말한다.

"… 동산은 동문서답을 했다."

또 어떤 이는 말하길 "그대 자신이 부처이거늘 다시 부처를 물었기 때문에 동산은 빙 둘러서 이런 식으로 대답한 것이다."라고 한다. 또 아주 멍청한 친구들은 말하길 "이 '마삼근'이야말로 '부처'라고 하나니 빗나가도 여간 빗나간 게 아니다. 그대가 만일 이런 식으로 동산의 말 뜻 속에서 답을 찾으려 들면 미륵불이 이 세상에 출현할 때까지 찾아 헤매더라도 그 답을 찾을 수 없을 것이다."

본칙 평창에서 무문은 '방합선(蚌蛤禪)'이란 말을 하고 있는데, 이 말은 무문이 만들어낸 말이다. 조개를 벌리면 오장육부가 모두 드러나듯 동산은 입을 열었다 하면 살림살이가 모두 드러난다는 뜻이다.

본칙 송의 제1구·제2구에서 무문은 부처를 모두 드러낸 이 '마삼근'이야말로 친절하기 이를 데 없다는 것을 읊고 있다. 그러나 이 '마삼근'에 대하여 왈가왈부하는 자는 그 자신이 바로 이 '마삼근'의 핵심을 간파하지 못했기 때문에 쓸데없이 시시비비를 일으키는 것이다. 송의 제3구와 제4구에서는 특히 이 점을 강조하고 있다. 이 '마삼근'의 경지를 지극히 낭만적인 곡조로 읊은 불혜천(佛慧泉)의 시가 있다.

구름 이는 온 산은 새벽이요,

바람 높으니 나무마다 가을이네.

돌성 아래 흐르는 물이여,

그 물결이 고깃배를 두드리네.

雲起千山曉　風高萬木秋

石頭城下水　浪打釣魚舟

평상심이 도다[平常時道]

南泉¹因趙州²問호대 如何是道오 泉云호대 平常心是道라 州云, 還
可趣向³否아 泉云, 擬⁴向卽乖라 州云, 不擬爭知⁵是道오 泉云, 道不
屬知며 不屬不知니 知是妄覺이요 不知是無記⁶라 若眞達不疑之道면
猶如太虛하야 廓然洞豁하리니 豈可强⁷是非也아 州於言下에 頓悟라

無門曰, 南泉被趙州發問하야 直得⁸瓦解冰消⁹하고 分疏不下¹⁰라
趙州縱饒¹¹悟去나 更參三十年¹²始得¹³이니라

---

1   남전(南泉): 제14칙 참고
2   조주(趙州): 제1칙 참고
3   취향(趣向): (목적을 이루기 위해서) 노력하거나 앞으로 나아가다.
4   의(擬): ~하려고 하다.(노력하다.)
5   쟁지(爭知): 어찌 ~을 알겠는가.
6   무기(無記): 자각력이 전혀 없는 상태.
7   강(强): 억지로 ~하겠는가?
8   직득(直得): 즉시 ~의 상태가 되다.
9   와해빙소(瓦解冰消): 기왓장이 깨지고 얼음이 녹다. 여지없이 패하다.
10   분소불하(分疏不下): 설명할 수 없다.
11   종요(縱饒): 비록 ~라 해도
12   갱참삼십년(更參三十年): 다시 30년을 더 참구해야 한다. 좀 더 수행을 해야 한다.
13   시득(始得): ~하지 않으면 안 된다.

頌曰. 春有百花秋有月이요 夏有涼風冬有雪이라 若無閑事[14]挂心頭[15]면 便是人間好時節이라

【 번역 】

남전에게 조주가 물었다.

"도(道)란 무엇입니까?"

남전: "평상심시도(平常心是道, 평상시의 마음이 곧 도다)."

조주: "그럼 (그 도를 얻기 위해서) 노력을 해야만 합니까?"

남전: "(도를 얻으려고) 노력하면 그 즉시 어긋난다."

조주: "노력하지 않으면 어떻게 도를 알 수(깨달을 수)가 있습니까?"

남전: "도는 앎에 속하지도 않고 알지 못함에 속하지도 않나니 앎은 잘못된 깨달음이요, 알지 못함은 무기(無記, 無記空)이다. 만일 의심이 없는 도에 도달(체험)하게 되면 저 허공과도 같아서 분명하게 통달하리니 어찌 억지로 시비를 논하겠는가."

조주는 (남전의) 이 말 아래 문득 깨달았다.

무문이 말했다.

"남전은 조주의 질문을 받고는 그만 형편없이 무너져서 더 이상의 설명을 할 수가 없었다. 조주가 비록 깨닫긴 했으나 다시 30년을 더 수행하지 않으면 안 된다."

---

14   한사(閑事): 한잡사(閑雜事), 자질구레한 일.
15   괘심두(挂心頭): 마음에 담아 두다. 마음에 걸리다.

송왈

봄에는 꽃이요, 가을에는 달이며
여름엔 맑은 바람, 겨울에는 눈이 있네.
만일 그 마음에 잡스러운 일이 없다면
이게 바로 인간의 호시절이네.

【 해설 】

평상시도(平常是道, 平常心是道)라는 이 글자 속에 도가 남김없이 드러난 곳이 있는데 이곳을 간파한다면 우리는 득도(得道)에 이른다. 그러나 이 평상심시도를 단지 글자 풀이로만 이해한다면 이것은 잘못된 길이다. 인생은 그렇게 길지 않으니 살아 있는 동안 부지런히 수행 공부를 하지 않으면 안 된다. 설암근(雪巖瑾)의 다음 시는 특히 이 점을 강조하고 있다.

평상(심시도)을 깨달으면 그곳이 고향이나
사람들은 대부분 '평상(심시도)'이라는 말에 떨어지네.
청춘은 단지 90일 뿐이니
백 번의 술판은 벌일 수 없네.
悟得平常達本鄉　時人多拘落平常
靑春祇有九十日　爛醉都無一百場

"남전은 조주의 질문을 받고는 그만 형편없이 무너져서 더 이상 설명을 할 수가 없었다."라고 무문이 본칙 평에서 남전을 마구 깎아내리고 있다. 그러나 이 말의 속뜻은 남전이 조주를 향해서 너무나도 자상하게 설명을 하고 있다는 뜻이다. 무문은 또 조주를 향해서는 왜 다음과 같이 말했는가.

"비록 깨닫긴 했으나 다시 30년을 더 수행하지 않으면 안 된다."

… 그것은 조주의 깨달음에는 극적인 관통력이 없었기 때문이다. 그저 평범하고 일상적인 말을 통해서 깨달았기 때문이다. 그런데 문제는 무문 자신이 조주의 무(無)자 공안 참구를 통해서 깨달았다는 것이다. 그렇다면 무문은 정말 조주를 인정하지 않았는가? 조주를 인정하지 않는다면 무문 자신의 깨달음도 인정할 수 없다는 이 엄연한 사실을 어떻게 설명해야 하겠는가. 무문이 조주를 깎아내린 것은 사실은 반어적으로 조주를 극찬한 대목이다. 이런 예는 선어록(禪語錄)의 도처에서 발견된다. 본칙 송에서 무문은 평상심시도를 체험한 사람의 느긋한 삶을 읊고 있다. 살아 있다는 이 자체가 축복이요, 충만이라는 것을 느끼며 살아가는 사람의 삶을 읊고 있다. 여기 잘못된 것은 바로 나 자신이다. 버려야 할 것을 버리지 못해서 그 무게로 짓눌려 괴로워하는 나 자신이 있을 뿐이다. 여기 반산인(半山人)이 사족을 붙인다.

목련꽃 활짝 핀 이 길에서
얼마나 많은 사람들이 헛발을 디뎠는가.
감쪽같이 털리고도 속은 줄 모르나니
이것이 가슴을 치고 통곡할 일이네.

선시로 보는 무문관

깨달은 사람[大力量人]

松源¹和尙云호대 大力量人²이 因甚擡脚³不起오 又云호대 開口⁴
는 不在舌頭上이라

無門曰. 松源可謂⁵傾腸倒腹⁶이나 只是欠人承當이라 縱饒直下⁷
承當이라도 正好⁸來無門處喫痛棒이라 何故오 聻⁹. 要識¹⁰眞金¹¹火
裡看하라

---

1   송원(松源): 송원숭악(松源崇嶽, 1132~1202), 무문혜개와 같은 시대에 살았던 임
    제종 선승.
2   대력량인(大力量人): 깨달은 사람.
3   대각(擡脚): 자기 발로 일어나다, (앉았다가) 일어나다, 입정(入定)의 상태에서 나오다.
4   개구(開口): 설법을 하다.
5   가위(可謂): ~라고 할 수 있다.
6   경장도복(傾腸倒腹): 심간노출(心肝露出), 오장육부를 모두 드러내 보여주다, 자기
    자신의 모든 걸 내보여 주다.
7   직하(直下): 바로 이 자리에서.
8   정호(正好): 지금 바로.
9   이(聻): 제12칙 참조.
10 요식(要識): 욕식(欲識), ~을 알고자 하다.
11 진금(眞金): 순금.

頌曰. 攃脚踏翻香水海[12]요 低頭俯視四禪天[13]이라 一箇渾身[14]無處着[15]하니 請續一句[16]라

【 번역 】

송원 화상이 말했다.

"깨달은 사람[大力量人]이 뭣 때문에 자기 발로 일어나지 못하는가? (진정한) 설법은 설법하는 말 속에 있지 않다."

무문이 말했다.

"송원 화상은 자기 자신의 모든 걸 다 드러내 보여주었으나 그것을 아는 사람이 드물다. 비록 이 자리에서 알아차렸다 해도 지금 바로 무문에게 와서 모진 매를 맞아야만 한다. 자, 잘 보라. 왜냐하면 이(聻), 순금을 알고자 하면 불 속에 넣어보라.

송왈

일어나서 향수해(香水海)를 걷어차 버리며
고개를 숙여 사선천(四禪天)을 내려다보네.

---

12 향수해(香水海): 이 세계의 하층부를 구성하고 있다는 바다, 인도 신화에 나오는 바다.
13 사선천(四禪天): 고대 인도의 우주관에 근거한 색계 사선천(色界 四禪天), 그러나 여기서는 온 우주를 뜻함.
14 혼신(渾身): 전신(全身).
15 무처착(無處着): 무주처착(無住處着), 일정한 거주처가 없다. 착(着)은 어조사.
16 청속일구(請續一句): 청하노니 (여기에 마지막) 한 구절을 덧붙여 보라.

이 한 몸은 일정한 거주처가 없거니

자, 여기에 마지막 한 구절을 덧붙여 보라.

【 해설 】

본칙 공안의 작자 송원(松源)은 20년간을 무문과 같은 시대에 살았
던 선승이다. 무문이 태어났을 때(1183) 송원은 52세였고 송원이 71
세로 입적했을 때(1202) 무문은 20세의 청년이었다. 그러므로 이 두
사람은 51년의 차이가 있는 셈이다. 그리고 송원은 특히 입송구법(入
宋求法)을 했던 일본 임제종 선승들과 인연이 많았다.

"깨달은 사람이 자기 발로 일어나지 못한다."는 것은 무슨 뜻인가,
참선수행에만 붙잡혀 여기에서 벗어나지 못하는 수행병 환자를 비판
하는 대목이다. 그리고 "진정한 설법은 설법하는 말 속에 있지 않다."
는 것은 무슨 뜻인가. 체험 없이 말만을 구사하고 있는 앵무새 수행
자들을 비판하는 대목이다. 좀 더 전문적으로 말한다면 전자는 좌선
수행만을 고수하고 있는 묵조선(默照禪)을 비판하는 것이요, 후자는
공안 타파에만 몰두하고 있는 간화선(看話禪, 待悟禪)을 비판한 것이
다. 그러나 이 두 곳에서 벗어났다 하더라도 무문은 이를 인정하지 않
고 있다. 왜냐하면 '~에서 벗어났다'는 이 '벗어났다'가 아직 남아 있
기 때문이다.

마당은 깨끗이 쓸었으나 깨끗이 쓴 그 빗자루의 흔적이 아직 남아
있기 때문이다.

본칙 송의 제1구에서는 깨달은 사람[大力量人]이 좌선 상태에서 박

차고 일어날 때의 기백을 읊고 있다. 제2구에서는 깨달은 사람이 입을 열어 말을 할 때의 기상을 읊고 있다. 즉 불조(佛祖)도 감히 오를 수 없는 저 고봉정상(孤峰頂上)으로부터 사선천(四禪天)을 발아래로 내려다보고 있는 그 모습을 읊고 있다. 제3구에서의 이 한 몸[一箇渾身]이란 무소부재(無所不在)한 법신(法身)을 말한다. 이 법신은 우주에 충만해 있으면서 인연 따라 모든 중생에게 나타나지만 그러면서 동시에 그 본래자리를 떠나지 않았다. 그래서 '일정한 거주처가 없다[無着處]'고 말한 것이다. 이를 『화엄경』에서는 이렇게 읊고 있다.

> 불신(佛身, 法身)은 온 누리에 충만하여
> 모든 중생 앞에 나타나네.
> 인연 따라 감응하여 두루하지 않는 곳이 없으면서
> 언제나 이 보리좌(菩提座)를 떠나지 않았네.
> 佛身充滿於法界　普現一切衆生前
> 隨緣赴感未不周　而恒處此菩提座

본칙 송의 제4구는 무문이 우리에게 던진 한마디이다.
각자의 소리를 내보라는 경책의 말이다.

제21칙 — ● ○

운문의 간시궐[雲門屎橛]

雲門[1]因僧問호대 如何是佛이닛고 門云, 乾屎橛[2]이라

無門曰, 雲門可謂家貧하야 難辨[3]素食[4]이요 事忙하야 不及草書[5]

라 動便將屎橛來[6]하야 撑門拄戶[7]하니 佛法興衰를 可見이라

頌曰. 閃電光이요 擊石火니 眨得眼[8]하면 已蹉過[9]라

【 번역 】

(어떤) 승이 운문에게 물었다.

---

1   운문(雲門): 제15칙 참조.
2   간시궐(乾屎橛): 마른 시궐. 시궐은 대변을 본 후 밑을 닦던 대나무 조각으로 옛날
     식 화장지라고 할 수 있다.
3   난변(難辨): 여기선 (음식을) 장만하기가 어렵다는 뜻.
4   소식(素食): 기름기가 없는 채소 반찬.
5   초서(草書): 초안(草案), 편지에 쓸 내용을 미리 간략하게 메모해 놓는 것.
6   변장~래(便將~來): 즉시 ~을 가져오다.
7   탱문주호(撑門拄戶): 탱문호, 가업(家業)을 잇다. 가업을 일으키다.
8   잡득안(眨得眼): 눈을 깜박거리다.
9   이차과(已蹉過): 이미 어긋나 버리다.

"부처란 무엇입니까?"

운문: "간시궐(乾屎橛)."

무문이 말했다.

"운문은 워낙 집이 가난하여 (손님 접대할) 소식(素食)조차 장만하기가 어려웠으며, 일이 바빠서 편지의 초안(草案)을 잡을 겨를조차도 없었다. 그래서 움직였다 하면 즉시 시궐(屎橛)을 가져와 가업을 이어가려 하니 (우리는) 이에서 불법(佛法)의 흥성과 쇠퇴를 가히 볼 수가 있다."

송왈[頌曰]

번갯불이 내리치고
부싯돌[石火]이 번쩍이네.
두 눈을 깜박이는 순간
이미 어긋나 버리고 마네.

【 해설 】

간시궐(乾屎橛)이라는 이 세 글자 속에 부처가 송두리째 드러난 곳이 있는데 그곳이 어딘가라고 줄기차게 탐구하며 밤이 가고 아침이 오고 하다 보면 어느 날 문득 펑 하고 마개가 터질 날이 온다. 이것은 절대로 허튼소리가 아니다. 이 생은 태어나지 않은 셈 치고 이 보물찾기에 뛰어들어 보지 않겠는가. 그러나 이건 너무나도 위험한 도박이라는 생각이 든다면 "부처여, 내 청춘을 보상하라."는 억울함이 아직 남아 있다면 더 이상 이 길로 들어설 필요가 없다. 이 간시궐(乾屎橛)이라는 말의 출처는『장자, 지북유(知北遊)』의 다음 문장이라는 설이 있다.

"동곽자(東郭子)가 장자에게 물었다. '도는 어디에 있습니까?' 장자가 말했다. '없는 곳이 없다. …(심지어) 똥과 오줌 속에도 있다.'[東郭子問于莊子曰 所謂道惡乎在 莊子曰 無所不在…在屎溺]"

본칙 평창에서 무문은 겉으로는 운문의 활구인 간시궐(乾屎橛)을 비판하고 있지만 그러나 이는 반어적으로 운문의 전술 전략을 극찬한 대목이다.

집안이 가난하여 소식(素食)조차 장만하기가 어렵다는 등 일이 바빠서 편지의 초안을 잡을 겨를조차 없이 움직였다 하면 간시궐을 가져왔다는 등 무문이 횡설수설하고 있다. 그러나 이는 운문의 전술 전략이 너무나도 간단명료하고 단도직입적이라는 것을 우회적으로 표현한 대목이다. 본칙 송의 제1구·제2구에서는 전광석화처럼 빠른 운문의 직관력을 읊고 있다. 운문은 환자[問僧]의 증세(迷한 상태)를 재빨리 간파한 다음 그 치료법으로 간시궐을 내보였다는 것이다.

제3구·제4구에서는 이 활구(간시궐)를 분별심으로 알려 한다면 십만팔천리나 어긋나 버리고 만다는 것을 읊고 있다.

이 간시궐을 꿰뚫은 사람이 공감인(共感人)을 만나지 못하여 쓸쓸해하는 심정을 과장된 영탄조(永嘆調)로 읊은 한송조(寒松操)의 시가 여기 있다.

밤은 고요하고 바람은 맑은데 두견이 소리

그 소리소리 안개 낀 저 옛 숲에 있네.

마음의 상처가 너무나도 많아

공감인(共感人)을 만나지 못한 한이 저리 많은가.

夜靜風淸杜宇歌　聲聲祇在舊烟蘿

可中無限傷心事　不遇知音恨轉多

가섭의 찰간[迦葉刹竿]

迦葉¹因阿難²問云호대 世尊傳金襴袈裟³外에 別傳何物이닛고 葉
喚云호대 阿難이여 難應諾⁴이라 葉云호대 倒卻⁵門前刹竿⁶着하라

無門曰, 若向者裡下得一轉語親切하면 便見靈山一會⁷ 儼然未
散이라 其或未然인댄 毘婆尸佛⁸早留心이나 直至而今不得妙라

頌曰. 問處何如⁹答處親가 幾人於此眼生筋¹⁰고 兄呼弟應揚家
醜¹¹하니 不屬陰陽別是春이라

---

1   가섭(迦葉): 제6칙 참조.
2   아난(阿難): 부처님의 사촌동생이자 시자였던 스님.
3   금란가사(金襴袈裟): 부처님이 입으셨던 금빛 가사.
4   응낙(應諾): '예!' 하고 대답하는 것.
5   도각(倒卻): 쓰러트리다, 옆으로 기울게 하다.
6   찰간(刹竿): 법회 때 이를 알리기 위하여 산문(山門) 옆에 세웠던 깃발걸이 기둥.
7   영산일회(靈山一會): 영산회상(靈山會上). 부처님이 인도 영취산에서 『법화경』을 설
    할 때의 법회 모임.
8   비바시불(毘婆尸佛): 과거칠불 가운데 첫 번째 부처님.
9   하여(何如): ~에 비해서 어떤가?
10 안생근(眼生筋): 눈에 근육이 불거질 정도로 꿰뚫어 보다. 혜안을 갖추다.
11 양가추(揚家醜): 집안의 추한 것을 밖으로 드러내다. 그러나 여기선 이 말이 반어
    적으로 사용되어 '아주 대단하다, 훌륭하다'는 의미로 쓰였다.

아난이 가섭에게 물었다.

"부처님께서 형님에게 금란(金襴)가사를 전해 주었는데 이것 외에 또 무슨 물건(가르침)을 특별히 전해 주었습니까?"

가섭이 "아난이여!"라고 부르자 아난은 "예, 형님!"이라고 응답했다.

가섭: "(설법은 이미 끝났으므로) 문 앞의 찰간(刹竿)을 쓰러트려라."

무문이 말했다. "만일 여기에 알맞은 한마디를 할 수 있다면 저 영산회상의 법회가 분명하게 되살아남을 보게 될 것이다. 그러나 이렇지를 못한다면 비바시불 때부터 수행을 시작하여 지금에 이르렀으나 아직도 깨달음(妙悟)을 얻지 못한 꼴이 된다."

송왈

질문은 대답의 친절함에 비해서 어떤가.

과연 몇 사람이나 여기서 혜안을 뜨겠는가.

형이 부르고 동생이 대답하며 집안의 추한 것을 드러냄이여,

음과 양에 속하지 않은 특별한 봄소식이네.

【 해설 】

이 공안은 제17칙과 그 구조가 동일하다. 그러나 물음과 대답 뒤에 덧붙인 충국사의 말(제17칙)과 가섭의 말(본칙)이 좀 다르다.

충국사의 말은 파주의 입장에서 시자의 경지를 인가한 것이요, 가섭의 말은 방행의 입장에서 아난을 경각시킨 것이다. 본칙 송의 제3구 '집안[佛家]의 추한 것을 드러냈다'는 것은 '집안의 명예를 드날렸다'는 말의 반어적 표현이다. 본칙 공안에서 가섭의 대답 "문 앞의 찰간을 쓰러트려라[倒却門前刹竿着]."에 대하여 사람들은 너무나 많은 말잔치를 하고 있다. 그러나 그럼에도 불구하고 본칙 공안의 핵심은 언어가 닿을 수 없는 곳에 있다. 이를 석공명(石蛩明)은 이렇게 읊고 있다.

> 금란가사 이외에 무엇을 전해 주었느냐고 묻자
> "문 앞의 찰간을 쓰러트려라."라고 말했네.
> 봄나들이에 사람은 만취했으나
> 개울 가득한 복사꽃은 아무 말 없네.
> 金襴傳外復何傳　報道門前倒刹竿
> 好笑踏靑人爛醉　滿川桃李自無言

제23칙 ─● ○

선도 악도 생각하지 말라[不思善惡]

六祖[1]因明上座[2]가 趁至大庾嶺[3]이라 祖見明至하고 卽擲衣鉢於石上云호대 此衣表信이니 可力爭耶아 任君將去[4]하라 明遂擧之나 如山不動하니 踟蹰悚慄[5]이라 明曰, 我來求法이요 非爲衣也니 願行者開示하소서 祖云, 不思善, 不思惡하라 正與麽時[6]에 那箇是[7]明上座, 本來面目[8]고 明이 當下大悟라 遍體汗流하야 泣淚作禮問曰호대 上來密語密意外에 還更有意旨否[9]아 祖曰호대 我今爲汝說者는 卽非密也니 汝若返照[10]自己面目하면 密卻在汝邊이라 明云호대 某甲

---

1   육조(六祖): 6조 혜능(六祖惠能, 638~713), 중국 선종사(禪宗史)에서 가장 중요한 위치에 있는 선승. 그의 어록인 『육조단경(六祖壇經)』은 후대의 선승들에게 많은 영향을 주었다. 더욱 놀라운 것은 그가 일자무식이었다는 사실이다.
2   명상좌(明上座): 도명(道明) 상좌, 육조 혜능의 법문을 듣고 깨달은 최초의 선승.
3   대유령(大庾嶺): 강서와 광동의 접경에 있는 고개 이름.
4   임군장거(任君將去): 그대 맘대로 가져가 봐라.
5   지주송율(踟蹰悚慄): 망설이며 두려움에 떨다.
6   정여마시(正與麽時): 바로 이때.
7   나개시(那箇是): 어떤 것이~인가?
8   본래면목(本來面目): 본래 자기. 주인공(主人公).
9   환갱유의지부(還更有意旨否): (이것 이외에) 또 어떤 심오한 의미가 (더) 있습니까?
10   반조(返照): 되돌아보다. 회광반조(回光返照).

雖在黃梅[11]隨衆이나 實未省自己面目이라 今蒙指授入處하니 如人飮水에 冷暖自知라 今行者卽是某甲師也니다 祖云호대 汝若如是면則吾與汝同師黃梅니 善自護持[12]하라

無門曰. 六祖可謂[13], 是事[14]出[15]急家[16]하야 老婆心切이라 譬如新荔支[17]剝了殼하고 去了核[18]하야 送在爾口裡니 只要爾嚥一嚥이라

頌曰. 描不成兮畫不就[19]요 贊不及兮休生受[20]라 本來面目沒處藏이니 世界壞時渠[21]不朽[22]라

【 번역 】

도명 상좌는 6조를 뒤쫓아 대유령에 이르렀다. 6조는 도명이 뒤쫓아 오는 걸 보고 돌 위에 의발(衣鉢)을 던지며 말했다.

"이것은 전법(傳法)의 믿음을 표시한 것이니 어찌 힘으로 다투려(뺏으려) 하는가? 그대 맘대로 가져가 보아라."

---

11 황매(黃梅): 황매산에 주석했던 오조 홍인(五祖弘忍).
12 선자호지(善自護持): 잘 보호하고 간직하라.
13 가위(可謂): ~라고 할 수 있다.
14 시사(是事): 본래면목을 깨닫게 하는 일.
15 출(出): 여기선 해결하다, 이루다. 처리하다는 뜻임.
16 급가(急家): 급하게, 다급하게, 가(家)는 어조사.
17 여지(荔支): 중국 남방에서 나는 과일, 껍질이 유난히 두껍다. 양귀비가 좋아하여 3천 리나 되는 남방에서 매일 수송해 왔다고 한다. 신려지(新荔支)는 신선한 여지를 말한다.
18 핵(核): (과일의) 씨.
19 화불취(畫不就): 그림으로도 그릴 수 없다.
20 휴생수(休生受): 쓸데없는 고생을 하지 말라.
21 거(渠): 여기선 본래면목.
22 후(朽): 썩다, 부서지다.

도명은 의발을 들었으나 마치 산과도 같이 요지부동이었다. 그래서 그는 망설이고 두려움에 떨며 말했다.

"제가 여기에 온 것은 법(法)을 구하러 온 것이지 옷과 밥그릇을 빼앗으러 온 것은 아닙니다. 행자께서는 저에게 법을 열어 보여주십시오."

6조가 말했다.

"선도 생각하지 말고 악도 생각하지 말라. 바로 이런 때 도명 상좌의 본래면목(본성)은 어떤 것인가?"

도명은 6조의 이 말 아래 크게 깨달았다. 온몸에서는 땀이 비 오듯 흘렀는데, 그는 울면서 절을 올리며 말했다.

"이 비밀스러운 말과 은밀한 뜻 외에 어떤 심오한 의미가 더 있습니까?"

6조가 말했다.

"내가 지금 그대에게 말해 준 것은 비밀스러운 이치가 아니다. 그대가 만일 자신의 본래면목을 되돌아본다면 비밀스러운 이치는 그대 쪽에 있다."

도명이 말했다.

"저는 지금까지 황매 문하에 있었으나 자신의 본래면목을 살펴보지 못했습니다. 지금 가르침을 받고 본래면목을 깨달았으니 물을 마신 사람이 (물의) 차고 더운 것을 스스로 아는 것과 같습니다. 지금부터 행자(육조)는 저의 스승이십니다."

6조가 말했다.

"그대가 만일 이와 같다면 나와 그대는 함께 황매[五祖弘忍]를 스승으로 모셔야 한다. 지금 그대가 깨달은 그것을 잘 간직하도록 하라."

무문이 말했다.

"6조는 (도명을) 깨우치는 일이 급해서 노파심이 간절했다. 비유하자
면 신선한 햇여지[新荔支] 열매의 껍질을 까고 씨까지 제거한 다음 그
대의 입 속에 넣어준 것과도 같다. 그러므로 그대가 할 일은 (입 속에
있는 이 과일을) 잘 씹어 먹는 일이다."

송왈

글로 묘사할 수도 그림으로 그릴 수도 없음이여,
찬사로도 미칠 수 없나니 헛고생을 하지 말라.
본래면목은 숨겨 둔 곳이 없나니
이 세계가 파괴될 때도 저(본래면목)는 썩지 않는다.

【 해설 】

본칙 공안의 주역인 혜능은 아직 정식 계도 받지 않은 일자무식이
었는데 5조 홍인은 그에게 법(法)을 전했다. 그래서 그는 마침내 중국
선종의 제6조가 됐으며, 이때 그의 나이는 38세였다고 한다. 5조 홍
인의 의발을 가지고 양자강 이남으로 야반도주한 혜능을 잡기 위하여
황매산(黃梅山)의 수행자 700명은 사방으로 흩어져 수색 작업에 들어
갔다. 사품장군 출신이었던 도명(道明)이 선두에 서서 밤낮으로 300
여 리를 달려와 대유령에서 마침내 혜능을 발견했는데, 이 긴박한 상
황에서 본칙 공안이 전개되고 있다. 혜능이 도명에게 가르친 "선도 악

도 생각하지 말라[不思善惡].”는 말은 “한 생각도 일으키지 말라[不起一念].”는 뜻이다. 이 말에서 도명은 문득 깨달은 바가 있었는데 이는 도명의 올곧은 마음[直心]과 혜능의 단도직입적인 가르침이 서로 만나 뇌성벽력을 치며 도명의 안목이 열리는 순간이었다. 이를 줄탁동시(啐啄同時)라 한다. 줄탁동시란 무엇인가? 병아리가 알에서 나오기 위해 달걀 속에서 껍질을 쪼면[啐] 그와 동시에 어미 닭이 껍질을 쪼아주는 [啄] 것을 말한다. 이렇게 하여 도명은 6조 혜능의 법을 이은 최초의 제자가 되었다. 본칙 송의 제1구 “글로 묘사할 수도 그림으로 그릴 수도 없음이여”의 근거가 되는 것은 소염(小艶)의 시 첫 구절인데 그 전문은 다음과 같다.

이 풍류 한 장면은 그릴 수도 없나니
규방 깊은 곳에서 그리는 정만 간절하네.
자꾸 소옥(小玉)을 부르는 것은 다름 아니라
그대에게 내 목소리 알리려 함이네.
一段風流畫不成　洞房深處陳愁情
頻呼小玉元無事　只要檀郞認得聲

본칙 송의 제1구·제2구는 본래면목의 본체(本體)를 읊은 것이요 제3구는 무소부재(無所不在)한 본래면목의 작용을 읊은 것이다. 그리고 제4구는 이 본래면목의 상주불변성(常住不變性)과 무시무종성(無始無終性)을 읊은 것이다.

제24칙 — ● ○

언어를 떠나다[離却語言]

風穴[1]和尙, 因僧問호대 語黙涉離微[2]니 如何通不犯이닛고 穴云호대 長憶[3]江南三月裡에 鷓鴣[4]啼處百花香이라

無門曰, 風穴機[5]如掣電하야 得路便行이나 爭奈[6]坐前人舌頭[7]不斷[8]이리오 若向者裡見得[9]親切하면 自有出身之路[10]라 且離卻語言三昧[11]하고 道將一句來[12]하라

---

1   풍혈(風穴): 풍혈연소(風穴延沼, 896~973), 송초(宋初)의 임제종 선승.
2   이미(離微): 『보장론(寶藏論)』의 「이미체정품(離微體淨品)」에 나오는 말, 이(離)는 체(體, 本體), 미(微)는 용(用, 作用).
3   장억(長憶): 상억(常憶), 언제나 늘 생각하다.
4   자고(鷓鴣): 자고새, 중국 양자강 남쪽에 사는 새.
5   풍혈기(風穴機): 풍혈의 교화수단.
6   쟁나(爭奈): ~했음을 어찌 하겠는가?
7   전인설두(前人舌頭): 전인(前人)은 앞 사람, 즉 두보(杜甫)의 시(詩).
8   좌~부단(坐~不斷): 제압하지 못하다.
9   견득(見得): 알아차리다.
10   출신지로(出身之路): 미망에서 나와 깨달음으로 들어가는 길[出迷悟入之路]
11   어언삼매(語言三昧): 언어문자.
12   도장일구래(道將一句來): 한마디(一句) 일러보라.

頌曰. 不露風骨句[13]하고 未語先分付[14]라 進步[15]口喃喃[16]하면 知君大罔措[17]라

【 번역 】

풍혈 화상에게 승이 물었다. "언어와 침묵은 이미(離微)에 속합니다. 어찌해야 이 둘을 범하지 않고 통할 수 있습니까?"

풍혈이 말했다.

"언제나 저 강남의 봄을 생각하노니

자고새가 우는 곳에 온갖 꽃들 향기롭네."

무문이 말했다.

"풍혈의 교화 수단[機]은 마치 번갯불을 제압하는 것과도 같아서 길이 있으면 즉시 간다. 그러나 (지금은) 앞 사람의 말[두보의 시]을 제압하지 못한 걸 어찌하겠는가. 그러나 만일 여기에서 (풍혈의) 친절한 가르침을 알아차린다면 미망으로부터 나와서 깨달음으로 들어가는 길이 있을 것이다. 자, 언어문자를 떠나서 한마디 일러보라."

---

13 풍골구(風骨句): 기백이 있고 빼어난 선구(禪句).
14 분부(分付): 전해 주다. 물음에 알맞은 대답을 해주다.
15 진보(進步): 여기저기로 다니다. 행각을 하다.
16 구남남(口喃喃): 마구 지껄여대다.
17 망조(罔措): 알 수가 없다. 어리둥절해하다.

송왈

빼어난 선구(禪句)를 드러내지도 않고
말(과 침묵)이 있기 전에 먼저 이 소식을 전해 주네.
(그러나 아직도) 여기저기으로 다니며 묻는다면
그대는 이 소식을 전혀 알 수가 없네.

【 해설 】

도(道)에는 말(언어)로 설명할 수 없는 면과 말로 설명이 가능한 면
이 있다. 이 가운데 말로 설명할 수 없는 면은 절대평등, 즉 본질의 영
역이요, 말로 설명할 수 있는 면은 상대차별, 즉 현상의 영역이다. 본
질의 영역은 침묵의 세계, 이치의 차원이요, 현상의 영역은 언어의 세
계, 사물의 차원이다. 본질의 영역은 이치로 들어간다[理中入]는 뜻에
서 이(離)라 하고, 현상의 영역은 '사물[작용]로 나타난다[나온다, 事(用)
上出]'는 뜻에서 미(微)라 일컫는다. 즉, 다시 말하자면 본질과 현상은
도의 두 가지 특성이라 할 수 있는데 이 말은 원래 승조(僧肇)의『보장
론』「이미체정품」에 나온다.

도의 나타나지 않는 면(離→體→침묵→無)과 나타나는 면(微→用→언
어→有)을 어떻게 하면 동시에 감지할 수 있겠는가? 이것이 득도자(得
道者)들의 오랜 숙제였다. 지금 본칙 공안에서 질문을 하는 승은 이
어려운 문제를 들고나와 풍혈의 경지를 탐색하고 있는데 이런 물음을
일러 험주문(驗主問)이라고 한다. 그러나 풍혈은 전혀 힘들이지 않고

춘정(春情)에 넘치는 두보의 시 두 구절을 읊고 있다. 언어와 침묵 그 어느 쪽에도 걸리지 않으면서 동시에 언어와 침묵이 둘이 아닌 그런 경지(활구의 세계)를 나타내 보이고 있다. 왜냐하면 언어(말)를 사용하되 언어를 사용한 흔적이 없으면 언어에 걸리지 않고, 침묵을 지키되 그 침묵을 지킨 흔적이 없으면 침묵에 떨어지지 않기 때문이다. 그렇다면 언어를 사용한 것은 그렇다 치고 풍혈이 침묵을 지킨 곳이 어딘가. 언어와 침묵은 둘인가 하나인가. 물체와 그림자는 둘인가, 하나인가. 우리를 어리둥절하게 만드는 본칙 공안(풍혈의 대답)을 꿰뚫을 수 있는 결정적인 단서는 불감혜근(佛龕慧懃)의 다음 시이다.

오색구름 속에 신선이 나타나
붉은 비단 부채로 얼굴 가렸네.
선인의 저 얼굴을 재빨리 보라.
손에 든 선인의 부채를 보지 말고.
彩雲影裏神仙現　手把紅羅扇遮面
急須着眼看仙人　莫看仙人手中扇

본칙 송의 제1구·제2구는 풍혈의 대답을 읊은 것이요, 제3구·제4구는 풍혈의 활구를 간파하지 못하고 이저곳을 바삐 다니며 묻고 있는 이 승을 읊은 것이다.

제25칙 ─ ● ○

앙산의 설법[三座說法]

仰山¹和尙이 夢見往彌勒²所하야 安³第三座라 有一尊者⁴가 白槌
云호대 今日當第三座說法이라 山乃起白槌云호대 摩訶衍法⁵은 離
四句絶百非⁶니 諦聽⁷諦聽하라

無門曰 且道하라 是說法가 不說法가 開口卽失이요 閉口又喪이며
不開不閉하면 十萬八千⁸이라

頌曰. 白日靑天에 夢中說夢이니 捏怪⁹捏怪요 誑謼¹⁰一衆¹¹이라

---

1   앙산(仰山): 앙산혜적(仰山慧寂, 807~883). 위앙종(潙仰宗)을 창시한 선승. 예언력
    이 뛰어났었다.
2   미륵(彌勒): 미래에 이 세상에 출현하여 중생을 제도한다는 부처님. 현재 도솔천
    내원궁에서 대기 상태에 있다고 한다.
3   안(安): 여기선 '자리에 앉다'의 뜻.
4   존자(尊者): 수행력이 깊은 고승.
5   마하연법(摩訶衍法): 대승(大乘, 마하야나)의 가르침. 그러나 여기선 '선의 가르침'을
    뜻함.
6   이사구절백비(離四句絕百非): 모든 언어와 말을 초월하다.
7   체청(諦聽): 자세히 들으라.
8   십만팔천(十萬八千): 멀고 멀다.
9   날괴(捏怪): 괴이하다. 괴상한 말이나 행동을 하다.
10 광호(誑謼): 속이다.
11 일중(一衆): ①미륵불회상에 모인 500청중 ②고금의 모든 선수행자.

【 번역 】

앙산(仰山) 화상이 꿈에 미륵불 처소에 가서 세 번째 자리(第三座)에 앉았다. 한 존자가 백퇴(白槌)를 치면서 말했다.

"오늘은 세 번째 자리에 앉은 존자가 설법할 차례입니다."

앙산이 자리에서 일어나 백퇴를 치면서 말했다.

"선의 가르침은 이 모든 언어를 초월했나니 여러분, 자세히 듣고 자세히 들어보십시오."

무문이 말했다.

"자, 일러보라. 이게 설법인가, 설법이 아닌가? 입 벌리면 잃어버리고 입을 닫으면 상하며 입을 벌리지도 닫지도 않으면 십만팔천 리다."

송왈(頌曰)

벌건 대낮에
꿈속에서 꿈 이야기를 하고 있으니
괴이하고 괴이한지고,
청중들을 마구 속이고 있네.

【 해설 】

본칙 공안은 꿈을 주제로 삼았다는 점에서 특이하다고 할 수 있다.

'앙산이 꿈에 도솔천 내원궁 미륵불 처소에 가서 세 번째 자리(第三座)에 앉았다'고 본칙 공안에는 되어 있는데, 다음의 네 가지 자료에는 모두 '두 번째 자리(第二座)'로 기록되어 있다.

①오등회원(五燈會元, 第九卷) ②선림류취(禪林類聚, 卷五) ③종용록(從容錄 第九十則) ④전법정종찬(傳法正宗贊)

'선의 가르침은 모든 언어와 말을 초월했다'는 것은 지극히 상식적인 이야기다. 이런 말을 가지고 공안이라 하다니 사구(死句)치고도 진부하기 이를 데 없는 사구다. 그렇기에 위산수(潙山秀)는 잠꼬대하고 있는 앙산을 파주적인 입장에서 다음과 같이 한 방 먹이고 있다.

"글자대로 뜻풀이는 안 될 것도 없지만 (그러나) 만일 미륵회상에 눈 밝은 수행자가 있어 그(앙산)가 '선의 가르침은~'이라고 말하는 그 순간 '주둥아리 닥쳐라'라고 호통친다면 어찌 되겠는가. 앙산의 잠꼬대를 멈추게 했을 뿐만 아니라 뒷사람들이 꿈속에서 꿈 이야기를 하는 것도 면하게 했을 것이다(依文解義卽不無 忽然彌勒會中有箇作者 纔見伊道 摩訶衍法 聲未絕 便云 合取兩片皮 非惟止絕仰山寐語 亦免使後人 夢中說夢)."

그러나 낭야혜각(瑯琊慧覺)의 송을 보면 본칙 공안을 단지 사구적(死句的)이라고 성급하게 결론을 내릴 수가 없다. 낭야혜각은 본칙 공안을 활구적으로 이렇게 접근하고 있다.

"자, 일러보라. (미륵회상의) 성중(聖衆)들이 앙산(의 설법)을 인정했는가, 인정하지 않았는가? 만일 (앙산을) 인정했다면, 앙산을 배반한 것이요, 앙산을 인정하지 않았다면 평지에서 넘어진 꼴이 된다. 산승은 오늘 망어죄(妄語罪)를 범하면서 여러분을 위하여 한마디 해야겠다. '선의 가르침은 모든 언어를 초월했다'라고 그대가 이곳저곳을 다니며 떠벌리고 이곳저곳의 수행자들도 이런 식으로만 이해한다면 쏜 화살보다 더 빠르게 지옥으로 들어갈 것이다(且道 聖衆肯仰山 不肯仰山 若肯 又孤負仰山 若不肯平地喫交 山僧今日 不惜眉毛 與諸人說破 摩訶衍法 離四句 絕百非 你若擧似諸方 諸方恁麼會 入地獄如箭射)."

본칙 공안에 대한 무문의 평은 평 그 자체로 본칙 공안을 압도하는 또 하나의 공안이라고 할 수 있다. 본칙송에서 무문은 시종일관 파주의 입장을 고수하고 있다. 앙산은 청중들을 속이고 있다고 호통을 치고 있다.

선시로 보는 무문관

제26칙 — ● ○

두 명의 승이 발을 말아 올리다[二僧卷簾]

淸涼大法眼[1]이 因僧齋前[2]上參[3]에 眼以手指簾하니 時有二僧이 同去卷簾이라 眼曰, 一得一失이라

無門曰. 且道하라 是誰得誰失가 若向者裏[4]着得一隻眼[5]하면 便知 淸涼國師[6]敗闕處[7]하리라 然雖如是나 切忌[8]向得失裡商量[9]하라

頌曰. 卷起明明徹太空[10]이나 太空猶未合吾宗[11]이라 爭似[12]從空 都放下하고 綿綿密密[13]不通風가

---

1 청량대법안(淸涼大法眼): 법안문익(~文益, 885~958). 법안종의 창시자. 특히 「화엄경」에 조예가 깊었다.
2 재전(齋前): 점심공양하기 전.
3 상참(上參): 방장실로 올라와 (법안을) 뵙다.
4 향자리(向者裏): 향자리(~這~). 여기에서.
5 착득일척안(着得一隻眼): 혜안(慧眼)을 갖추다.
6 청량 국사(淸涼國師): 법안문익.
7 패궐처(敗闕處): 낭패를 본 곳.
8 절기(切忌): ~하는 것은 금물이다.
9 상량(商量): 분별심을 일으키다.
10 태공(太空): 천공(天~). 하늘. 허공.
11 오종(吾宗): 선의 본뜻.
12 쟁사(爭似): ~함과 어찌 같겠는가.
13 면면밀밀(綿綿密密): 치밀하고 섬세하다.

【 번역 】

(어떤) 승이 점심공양 전에 방장실로 올라와 법안 스님을 뵈었다. 법안이 손으로 발(簾)을 가리키자 거기 있던 두 명의 승이 동시에 가서 발을 말아 올렸다. 법안이 말했다. "일득일실(一得一失, 하나는 얻고 하나는 잃었다)."

무문이 말했다.

"자, 일러보라. 누가 얻고 누가 잃었는가. 만일 여기에서 지혜의 눈(一隻眼)을 갖춘다면 저 청량 국사(법안)가 실수한 곳을 즉시 알게 될 것이다. 그러나 득과 실(得失)에서 분별심을 일으키는 것은 금물이다."

송왈(頌曰)

발을 말아 올리면 분명한 허공이지만
허공조차 선의 본뜻에는 계합치 않네.
그 허공마저 미련 없이 놓아버려서
바람조차 나들지 못하게 함만 어찌 같으리.

【 해설 】

법안의 공안은 하나같이 간단명료하고 단도직입적이다. 그러면서 동시에 감쪽같은 속임수가 있어 이 속임수를 알아차리기란 쉽지 않다. 본칙 공안도 예외는 아니다. 법안은 손으로 발을 가리켰고 두 명

의 승이 동시에 가서 발을 말아 올렸다. 그러자 법안은 '일득일실(一得
一失, 하나는 얻고 하나는 잃었다)'이라고 말했다. 도대체 누가 무엇을 얻
고[得] 또 누가 무엇을 잃었단 말인가[失]. 아니면 한 가지는 얻은 대신
또 한 가지는 잃었단 말인가. 본칙 공안의 핵심은 바로 이 부분[一得一
失]이다. 이 부분을 간파해야만 한다. 무문은 평에서 이렇게 말했다.
"이 부분을 간파한다면 법안이 실수한 곳을 알게 될 것이다." 그렇다
면 법안이 실수한 곳이 어딘가. 법안이 실수한 곳은 동시에 법안의 전
술 전략이 기막히게 전개된 곳이다. 이 부분을 간파할 수 있는 결정적
인 단서는 무문의 다음 말이다. "득과 실에서 분별심을 일으키는 것은
금물이다[切忌向得失裏商量]."

차암범(遮庵範)의 다음 시도 무문과 같은 입장을 노래하고 있다.

오동잎 한 장 누각에 떨어지고

기러기 한 쌍은 남쪽으로 날며 바다에서 노니네.

오직 득과 실만을 논하는 천고의 일이여,

그 누가 한궁의 이 가을을 알겠는가.

靑桐一葉墮明樓　雙雁南飛海上游

得失維論千古事　何人能識漢宮秋

무문의 본칙 공안 송은 '발을 말아 올린 곳'에 초점을 맞추고 있으
므로 법안의 시각과는 다소 차이가 있다. 그러나 무문의 송은 또 송
대로 음미해 볼 충분한 가치가 있다.

제27칙 — ● ○

마음도 부처도 아니다[不是心佛]

南泉[1]和尙이 因僧問云호대 還有[2]不與人說底法麼아 泉云有니라
僧云호대 如何是不與人說底法이닛고 泉云호대 不是心不是佛不是
物이니라

無門曰, 南泉被者一問[3]하야 直得[4]揣盡家私[5]하니 郞當不少[6]라

頌曰. 叮嚀[7]損君德[8]이니 無言眞有功이라 任從[9]滄海變[10]이라도 終
不[11]爲君通[12]하리라

---

1   남전(南泉): 남전보원(~普願). 제14칙에 나왔음.
2   환유~마(還有~麼): ~이 있는가(있습니까)?
3   자일문(者一問): 자일문(這~). 이 한 개의 질문.
4   직득(直得): 결과적으로 ~이 되다.
5   취진가사(揣盡家私): 살림살이(가사)를 모두 내보이다.
6   낭당불소(郞當不少): 낭패가 많다. 손해가 많다.
7   정령(叮嚀): 친절이 지나치다. 한 말을 또 하다.
8   군덕(君德): 여기서는 '남전보원의 덕(德)'을 말함.
9   임종(任從): 비록 ~라 하더라도
10 창해변(滄海變): 창해변상전(~桑田). 바다가 뽕나무밭으로 변하다. 기나긴 세월이
    흘러가다.
11 종불~(終不~): 마침내(절대로) ~하지 않는다.
12 통(通): 통일선로(~一線路). 설명을 해 주다, 말해 주다.

【 번역 】

남전 화상에게 (어떤) 승이 물었다. "사람들에게 말해 주지 않은 가르침[法]이 있습니까?"

남전: "있다."

승: "'사람들에게 말해 주지 않은 가르침'은 어떤 것입니까?"

남전: "불시심 불시불 불시물(不是心 不是佛 不是物, 마음도 아니요 부처도 아니요 물건도 아니다)."

무문이 말했다: "남전은 이 질문을 받고 살림살이를 모두 내보였으니 낭패가 적지 않다."

송왈(頌曰)

친절이 지나쳐 작가종사의 덕이 손실을 봤으니
말없음[無言]이야말로 진정한 공덕이네.
저 바다가 변하여 뽕나무밭이 된다 해도
그대를 위해서 더 이상은 말해 줄 수 없네.

【 해설 】

본칙은 『벽암록』 제28칙(南泉不說底法)과 같은 공안이다. 『벽암록』 제28칙의 문장이 잘리고 출연진이 바뀌어 『무문관』 제27칙(不是心佛)이 된 것이다. 『벽암록』 제28칙에는 묻는 자가 백장열반(百丈涅槃) 화상이

고 대답하는 자가 남전(南泉)이다. 그러나 여기『무문관』제27칙에 오면 묻는 자는 일개 무명승이고 대답하는 자는 남전으로 되어 있다. 허나 본칙 공안의 핵심내용에는 별 차이가 없다.

지금까지 사람들에게 말해 주지 않은 가르침이 '불시심 불시불 불시물(不是心 不是佛 不是物)'이라는 것은 무슨 뜻인가. '불시심 불시불 불시물'이라는 말이 지금까지 사람들에게 말해 주지 않은 가르침이라는 뜻이 아니라 이 아홉 글자 속에 사람들에게 말해 주지 않은 가르침이 고스란히 드러나 있다는 뜻이다. 그렇다면 그곳이 과연 어딘가라고 줄기차게 의문을 제기하면서 탐구해 나가야 한다. 그리하여 쇠망치로 한 대 얻어맞은 것처럼 강한 충격이 올 때 그대는 알게 될 것이다. 아니 깨닫게 될 것이다. '불시심 불시불 불시물(不是心 不是佛 不是物)' 이 아홉 글자 속에서 빛을 발하고 있는 그 소식을…. 자 그런 순간이 올 때까지 이 추운 겨울을 묵묵히 참고 견뎌야 한다.

쓸쓸한 가을 정경을 빌어 본칙 공안의 경지를 읊은 일휴오(日休寤)의 시가 여기 있다.

추풍에 내리는 기러기 소리 쓸쓸한데
저녁 비는 푸르게 긴긴 산을 적시네.
슬픔이 복받쳐 다시 고갤 돌릴 수 없나니
흰 구름 다한 곳이 바로 내 고향이네.
秋風落雁聲聲羽　暮雨靑來點點山
惆悵不堪回首再　白雲盡處是鄕關

무문의 본칙송 제1구는 남전의 상자(傷慈, 지나친 자비심)를 극찬한 대목이요, 제2구는 '불시심 불시불 불시물'을 말한 남전을 나무라는 대목이다. 그리고 제3구·제4구는 남전과는 정반대인 무문 자신의 입장을 강조하는 대목이다. 그러면서 동시에 반어법을 통해서 남전의 언어구사 능력을 돋보이게 하는 대목이기도 하다. 읽은 이는 이 점을 명심하기 바란다.

덕산이 용담을 찾아가다[久響¹龍潭]

龍潭²因德山³請益⁴抵夜⁵라 潭云호대 夜深子何不下去호 山遂珍
重⁶하고 揭簾而出에 見外面黑이라 卻回云호대 外面黑이니다 潭乃點
紙燭度與⁷라 山擬接⁸에 潭便吹滅하니 山於此忽然有省하고 便作禮
라 潭云호대 子⁹見箇甚麼道理¹⁰오 山云호대 某甲從今日去하야 不疑
天下老和尚舌頭也¹¹니다 至明日에 龍潭陞堂云호대 可中¹²有箇漢¹³
이면 牙如劍樹하고 口似血盆이라 一棒打不回頭하리니 他時異日向

---

1 구향(久響): 오래 전부터 뵙고 싶어 하다.
2 용담(龍潭): 용담숭신(〜崇信, 생몰 연대 미상). 덕산(德山)의 스승.
3 덕산(德山): 덕산선감(〜宣鑑). 제13칙에 나왔음.
4 청익(請益): 재차 가르침을 청하다.
5 지야(抵夜): 지야(至〜). 밤이 되다.
6 진중(珍重): 헤어질 때의 인사말. '안녕히 주무십시오.'
7 도여(度與): 〜을 건네주다.
8 의접(擬接): 받으려는 순간.
9 자(子): 자네.
10 견개심마도리(見箇甚麼道理): 무슨 이치를 깨달았는가.
11 설두(舌頭): 말. 언어.
12 가중(可中): 만일.
13 개한(箇漢): 깨달은 사람.

孤峰頂上에 立吾道在하리라 山遂取疏抄하야 於法堂前將一炬火하고 提起云호대 窮諸玄辨[14]이나 若[15]一毫致於太虛요 竭世樞機[16]라도 似一滴投於巨壑이라 將疏抄便燒하고 於是禮辭라

無門曰. 德山未出關時에 心憤憤[17]口悱悱[18]하야 得得來南方하야 要滅却[19]教外別傳之旨라 及到澧州[20]路上하야 問婆子買點心[21]이라 婆云호대 大德車子內是甚麼文字닛고 山云호대 金剛經抄疏라 婆云호대 只如[22]經中道호대 過去心不可得이요 現在心不可得이며 未來心不可得이라하니 大德要點那箇心[23]이닛고 德山被者一問하야 直得口似匾擔[24]이라 然雖如是나 未肯向婆子句下死却이라 遂問婆子호대 近處有甚麼宗師오 婆云호대 五里外에 有龍潭和尙이니다 及到龍潭에 納盡敗闕[25]이니 可謂是前言不應後語라 龍潭大似憐兒不覺醜니 見他有些子火種[26]하고 郎忙[27]將惡水[28]하야 驀頭[29]一澆澆殺[30]

---

14 궁제현변(窮諸玄辨): 이 세상의 현묘한 이치[玄辨]에 모두 통달하다.
15 약(若): ~와 같다[如].
16 갈세추기(竭世樞機): 이 세상의 모든 기예(技藝, 樞機)의 극치에 이르다.
17 심분분(心憤憤): 분노에 차다.
18 구배배(口悱悱): 말을 더듬거리다.
19 요멸각(要滅却): 욕멸각(欲~), 전멸시키고자 하다.
20 예주(澧州): 그 당시(덕산 생존 시) 남방에서 선종이 제일 번성했던 곳의 하나.
21 점심(點心): 식사 시간 이외에 먹는 간식.
22 지여(只如): 그건 그렇다치고(화제를 바꿀 때 쓰는 말).
23 요점나개심(要點那箇心): 어떤 마음으로 점심을 먹고자 하는가?
24 구사편담(口似匾擔): 입이 편담(~ 중국식 물지게) 모양(∩)이 되다. 말문이 막히다.
25 납진패궐(納盡敗闕): 박살나 버리다.
26 사자화종(些子火種): 작은 지혜의 불씨.
27 낭망(郎忙): 당황하여 쩔쩔매다.
28 오수(惡水): 구정물.
29 맥두(驀頭): 정면에서.
30 일요요살(一澆澆殺): 물을 확 끼얹다. '살(殺)'→동사의 뒤에 오면 의미를 강조한다.

이나 **冷地看來**[31]에 **一場好笑**[32]라

頌曰. **聞名不如見面**이요 **見面不如聞名**이라 **雖然救得鼻孔**[33]이나
爭奈瞎卻眼睛이리오

【 번역 】

덕산은 용담(龍潭)을 찾아가 청익(請益)하다가 밤이 깊었다.

용담: "밤이 깊었는데 자네는 어찌 방장실을 내려가지 않는가?"

덕산은 용담에게 인사를 한 다음 발을 들어 올리고 나가다가 밖이
캄캄한 것을 보고 되돌아와서 말했다.

"밖이 너무 어둡습니다."

용담은 기름종이에 불을 붙여 덕산에게 건네줬다. 덕산이 이를 받
으려는 순간 용담은 훅! 불어서 불을 꺼버렸다. 덕산은 그 순간 홀연
히 깨달은 바가 있어 용담에게 절을 올렸다.

용담: "자네는 (지금) 무슨 도리를 깨달았는가?"

덕산: "저는 오늘 이후로 다시는 천하 노화상들의 말씀을 의심하지
않겠습니다."

다음날 아침 용담이 설법당에 올라가 말했다.

"(여기에) 만일 깨달은 사람이 있다면 그 이빨은 칼의 숲과 같고 입

예) 요살(~)(물을): 확 끼었다/ 고살(苦殺): 아주 고통스럽다/ 소살(笑殺): 아주 우
습다/ 동살(凍殺): 꽁꽁 얼다/ 기급살(氣急殺): 몹시 급하다.

31 냉지간래(冷地看來): 냉정하게 살펴본다면.

32 일장호소(一場好笑): 한바탕 웃음거리.

33 비공(鼻孔): 본래면목. 본성.

은 피가 가득 담긴 그릇과 같을 것이다. 그는 한 방망이를 내리쳐도 되돌아보지 않을 것이니 이후에 고봉정상(孤峰頂上)에서 나의 가르침을 드날릴 것이다."

(이 말을 들은) 덕산은 (자신이 저술한) 『금강경소초(金剛經疏抄)』를 불태우려고 법당 앞에서 횃불을 들어 보이며 말했다. "비록 교학적으로 현묘한 이치에 통달했더라도 머리칼 한오라기를 허공에 던지는 것과 같으며 이 세상 모든 기예(技藝)의 극치에 이르렀다 해도 한 방울의 물을 저 거대한 협곡에 던지는 것과 같다."

(이 말을 마친 다음 덕산은 자신이 저술한) 『금강경소초』를 모두 불태워 버렸다. 그런 다음 용담에게 하직 인사를 하고 떠나갔다.

무문이 말했다:

"덕산이 고향의 관문을 나오기 전에는 분노에 차서 말조차 더듬거렸다. 그래서 부지런히 남방으로 와서 교외별전의 가르침(禪의 가르침)을 멸각시키고자 했다. (동정호의 서쪽 지방인) 예주(澧州)에 이르러 (허기가 져서) 간식을 사려고 길가에서 간식을 파는 노파에게 값을 물었다. 그러자 노파는 덕산에게 물었다. '스님의 짐 속에 무슨 책이 들어 있습니까?'

덕산: '이것은 (내가 지은)「금강경소초」입니다.'

노파: 금강경에 이르길 '과거의 마음도 얻을 수 없고 현재의 마음도 얻을 수 없고 미래의 마음도 얻을 수 없다'라고 했는데 스님은 (지금) 어떤 마음으로 간식을 드시려 합니까?'

덕산은 (노파의) 이 물음에 그만 말문이 막혀 버렸다. 그러나 일개 노파의 말 아래 죽을 수가 없었다. 그래서 노파에게 되물었다. '이 부근에 어떤 종사(宗師, 선지식)가 있습니까?'

노파: '5리 밖에 용담 화상이 있습니다.'

덕산은 용담에 이르러 그만 박살이 나버렸는데 이는 앞의 말[前言]이 뒷말[後言]과 일치하지 않는 경우다. 용담은 마치 어린아이를 어여삐 여겨 자신이 엉망이 돼버린 것을 알지 못한 것과 같다. (용담은) 저(덕산)에게 작은 불씨(지혜)가 있는 걸 보고 다급하게 구정물을 가져와 저의 정면에 확 끼얹어 버렸다. 그러나 냉정하게 본다면 이는 한바탕의 웃음거리일 뿐이다."

송왈(頌曰)

이름을 듣는 것은 직접 만나보는 것과 같지 못하고
직접 만나보는 것은 이름을 듣는 것만 같지 못하네.
비록 본성은 깨달았으나
눈알[經眼]이 상한 걸 어찌하겠는가.

【 해설 】

본칙 공안의 주인공 덕산은 봉(棒)을 잘 쓰기로 이름났던 선승이다. 그런 그가 장년기에 용담(龍潭)을 찾아가 깨닫게 된 전후 사정 이야기가 본칙 공안이다. 덕산이 용담을 찾아가 이야기 도중 밖이 어둡자 용담이 기름종이에 불을 붙여 덕산에게 줬는데 덕산이 이를 받으려는 순간 훅! 불어서 불을 꺼버렸다. 이것은 무슨 뜻인가? 말이 아니라 행동으로 직접 보여준 용담 자신의 활구 전개 장면이다.

이 극적인 순간에 덕산은 마침내 언어의 장벽을 꿰뚫어 버렸다. 무문의 본칙 공안 평 가운데 덕산의 '앞말[前言]'이 뒷말[後言]과 일치하지 않는다'는 것은 무슨 뜻인가? 덕산은 '선의 가르침을 박살내 버리겠다[前言]'고 큰소리치며 남방으로 내려갔다가 용담 화상에게 혼쭐이 난 후 '저는 오늘 이후로 다시는 천하 노화상들의 말씀을 의심하지 않겠습니다[後言].'라고 말한 것을 뜻한다. 그리고 '냉정하게 본다면 이는 한바탕의 웃음거리일 뿐이다.'라는 무문의 평은 무슨 뜻인가?

덕산을 깨우쳐 준 용담을 반어적으로 극찬한 대목이다. 무문의 본칙송 제1구·제2구는 덕산이 용담을 직접 만나는 장면을 읊은 것이요, 제3구·제4구는 덕산의 입장을 읊은 것이다. 덕산은 본성을 깨달았으나 그 대신 자신이 저술한 『금강경주석서[靑龍疏抄]』를 모두 불태워 버렸으므로 결과적으로 경전을 보는 안목[經眼]이 상했다는 것이다. 그렇다면 완벽한 깨달음(아뇩다라삼먁삼보리)은 어떤 것인가? 체험과 동시에 언어 구사 능력[經眼]을 겸비해야 한다. 그래야 자신이 경험한 바를 다른 사람들도 같이 경험하도록 이끌어 줄 수 있는 것이다.

체험으로도 통하고 언어로도 통함이여,
선정과 지혜는 완벽하여 허무적멸에 막히지 않네.
宗亦通 說亦通　定慧圓明不帶空　　　　　　　- 〈證道歌〉

바람도 아니요, 깃발도 아니다[非風非幡]

六祖¹因風颺²刹幡³하야 有二僧對論이라 一云幡動이라하고 一云
風動이라하며 往復曾未契理⁴라 祖云호대 不是風動이요 不是幡動이
며 仁者⁵心動이라 二僧悚然⁶이라

無門曰. 不是風動이요 不是幡動이며 不是心動이니 甚處見祖師
오 若向者裡見得親切하면 方知二僧買鐵得金⁷이라 祖師忍俊不禁⁸
하야 一場漏逗⁹라

頌曰. 風幡心動이여 一狀領過¹⁰라 只知開口하고 不覺話墮¹¹라

1　육조(六祖): 6조 혜능, 제23칙에 나왔음.
2　양(颺): 바람에 펄럭이다[風颺].
3　찰번(刹幡): 깃발걸이 기둥(刹竿)에 걸린 법회 알림용의 깃발[幡].
4　미계리(未契理): 이치에 맞지 않다.
5　인자(仁者): 상대방에 대한 존칭.
6　송연(悚然): 두려워하다. 등골이 서늘하다.
7　매철득금(買鐵得金): 무쇠를 샀는데 그것이 황금이었다. '본칙 공안에 나오는 두 승이 풍번(風幡) 논쟁을 하다가 육조를 만나 깨닫게 됐다'라는 뜻.
8　인준불금(忍俊不禁): 도저히 참을 수가 없다.
9　일장루두(一場漏逗): 천기누설을 해버린 한 장면.
10　일장령과(一狀領過): 동일한 죄를 한 장의 연장에 기록하여 구속하다.
11　화타(話墮): 말에 떨어지다. 말의 덫에 걸리다.

6조 혜능은 바람에 깃발이 나부끼는 것을 가지고 두 명의 승려가 토론하는 것을 보았다. 한 승려가 '깃발이 흔들린다'고 하고, 또 한 승려는 '바람이 흔들린다'고 갑론을박하며 이치에 맞는 결론이 나질 않았다.

6조 혜능이 말했다.

"바람이 흔들리는 것도 아니요, 깃발이 흔들리는 것도 아니요, 두 분의 마음이 흔들리는 것이다."

(이 말을 들은) 두 명의 승려가 깜짝 놀랐다.

무문이 말했다.

"바람이 흔들리는 것도 아니요, 깃발이 흔들리는 것도 아니요, 마음이 흔들리는 것도 아니니 어디서 조사(6조 혜능)를 볼 수 있겠는가. 만일 여기서 (조사의) 친절한 가르침을 알아차린다면 비로소 알 것이다. 이 두 명의 승려는 무쇠를 샀는데 황금을 얻었다(뜻밖의 횡재를 했다)는 사실을, 조사(6조 혜능)는 (도저히) 참을 수가 없어서 한바탕 천기누설을 한 것이다."

송왈(頌曰)

바람, 깃발, 마음이 흔들림이여,
모두가 동일한 죄를 범했네
다만 말을 할 줄은 알았으나
그 말에 떨어진 걸 미처 깨닫지 못했네.

【 해설 】

본칙 공안은 제23칙(不思善惡) 후반부의 이야기다. 대유령(大庾嶺)에서 도명(道明)을 깨닫게 하고 6조 혜능은 남방으로 가서 자취를 감춰버렸다. 이렇게 15년 동안 은거한 후에 광주 법성사(廣州 法性寺)에 갔다가 여기서 법회고지용(法會告知用) 깃발이 휘날리는 것을 놓고 두 명의 승려가 토론하는 걸 봤는데 이것이 바로 본칙 공안이다. 한 승려는 "깃발이 흔들린다[幡動]."고 하고 또 한 승려는 "바람이 흔들린다[風動]."고 했는데 이는 객관적인 관찰이다. 그러나 6조 혜능은 "바람이 흔들리는 것도 아니요, 깃발이 흔들리는 것도 아니요, 두 분의 마음이 흔들리는 것[不是風動 不是幡動 仁者心動]"이라고 했다. 6조 혜능은 주관적인 입장에서 이렇게 말한 것이다. 6조 혜능은 이 일을 계기로 법성사에서 인종(仁宗) 법사에게 정식 계(戒)를 받고 출가하게 되었다.

그 후 한참 시대가 흘러 앙산혜적(仰山慧寂) 문하에 있던 묘신니(妙信尼)라는 여승이 여기에 다음과 같은 일전어(一轉語)를 덧붙였다. "바람이 흔들리는 것도 아니요, 깃발이 흔들리는 것도 아니요, 마음이 흔들리는 것도 아니다[不是風動 不是幡動 不是心動]."

묘신니의 이 말을 무문이 평에서 재인용하고 있는데 이 인용어 뒤에 나오는 무문의 평이 일품이다. "이 두 명의 승려는 무쇠를 샀는데 황금이었다(횡재를 얻었다)." 본칙 송의 제1구·제2구에서 무문은 묘신니의 입장에서 두 명의 승려와 6조 혜능을 동시에 비판하고 있다. 제3구·제4구에서는 6조 혜능을 다시 한 번 더 비판하고 있다. 그러나 이면에는 후학들의 화타(話墮, 말에 떨어짐)를 경책하는 뜻이 담겨 있다는 것을 잊어서는 안 된다. 본칙 공안에 대하여 대부분의 사람은 '흔들린다[動]'에 대한 정확한 해석에만 관심을 기울이고 있다. 그러나 실은 '불시풍동 불시번동 인자심동(不是風動 不是幡動 仁者心動)'이라는 이 열두 글자 속에 본래자리가 송두리째 드러난 곳이 있다. 바로 이곳을 간파하는 것이 본칙 공안을 꿰뚫는 지름길이다. 그러나 마냥 글자 해석에만 매달린다면 결국 살아 굽이치는 활구의 체험은 불가능하다. 상암숭(常菴崇)의 시는 바로 이 점을 읊고 있다.

> 물결 멎고 바람 잔 이 광경을 잘 보라.
> 가을 강은 이리 맑아 푸른 하늘 드넓네.
> 어부들은 앞다퉈 낚싯줄만 던지고
> 저 달이 물에 잠겨 찬 것은 못 보네.
> 浪靜風括正好看　秋江澄徹碧天寬
> 漁人競把絲綸擲　不見氷輪蘸水寒

마음이 부처다[卽心卽佛]

馬祖¹因大梅²問호대 如何是佛이닛고 祖云호대 卽心卽佛이니라

無門曰. 若能直下³領略得去⁴면 著佛衣喫佛飯하고 說佛話行佛

行이니 卽是佛也라 然雖如是나 大梅引多少人⁵하야 錯認定盤星⁶이

니 爭知道⁷ 說箇⁸佛字三日漱口⁹리오 若是箇漢¹⁰이면 見說¹¹卽心是

佛에 掩耳便走하리라

---

1   마조(馬祖): 마조도일(~道一. 709~788). 백장과 남전의 스승. '즉심즉불(卽心卽佛)'
     의 가르침으로 유명하다.
2   대매(大梅): 대매법상(~法常. 752~839). 마조의 법을 잇고 대매산(~山)에서 일생
     을 숨어 살았다.
3   직하(直下): 지금 이 자리에서.
4   영락득거(領略得去): (말뜻을) 알아차리다.
5   다소인(多少人): 다인(多人), 많은 사람. '소(少)'→어조사.
6   착인정반성(錯認定盤星): 별표시(★)가 있는 접시저울의 표준점(정반성)을 무게의
     눈금으로 잘못 알다. 잘못 이해하다.
7   쟁지도(爭知道):~라고 말한 것을 어찌 알 수 있겠는가. 지도(知道): ~을 알다. '도
     (道)'→어조사.
8   설개(說箇): 말하다. '개(箇)'→어조사.
9   관구(漱口): 입을 씻다.
10   개한(箇漢): 지혜의 안목이 열린 사람.
11   견설(見說): ~라고 말하는 것을 듣다.

頌曰. 靑天白日에 切忌[12]尋覓하라 更問如何면 抱贓叫屈[13]이라

【 번역 】

대매(大梅)가 마조에게 물었다. "부처란 무엇입니까?"

마조: "즉심즉불(卽心卽佛, 마음이 곧 부처다)."

무문이 말했다.

"만일 지금 이 자리에서 (이 말뜻을) 알아차린다면 부처의 옷을 입고 부처의 밥을 먹으며 부처의 말을 하고 부처의 행동을 할 수 있나니 이 것이 바로 부처다. 그러나 대매는 많은 사람을 오해하게 했나니 '부처 불(佛)' 자를 말하고는 3일 동안 (더러워진) 입을 씻었다는 것을 어찌 알 수 있겠는가. 만일 안목이 열린 이라면 '마음이 곧 부처[卽心是佛]' 라는 말을 듣는 즉시 두 귀를 막고 달아나 버릴 것이다."

송왈(頌曰)

벌건 대낮에
또 찾는 것은 금물이네.
'그럼 어찌해야 하느냐'고 묻는다면
훔친 물건을 안고 억울하다고 울부짖는 격이네.

---

12 절기(切忌): ~하는 것은 금물이다.
13 포장규굴(抱贓叫屈): 도적이 훔친 물건[贓物]을 끌어안고 억울한 누명을 썼다고 울
    부짖다.

【 해설 】

본칙 공안은 제33칙(非心非佛) 공안과 대조해서 검토해 봐야 한다. 본칙 공안은 방행(放行, 긍정)의 입장에 선 활구 전개요, 제33칙 공안은 파주(把住, 부정)의 입장에서 서서 활구를 전개한 것이다.

'어떤 것이 부처인가[如何是佛]?'라는 물음에 동산은 '마삼근(麻三斤, 제18칙)'이라 했고 운문은 '간시궐(乾屎橛, 제21칙)'이라 했는데 그렇다면 마삼근과 간시궐과 즉심즉불(卽心卽佛)은 같은가, 다른가? 같다면 어느 곳이 같고 다르다면 또 어디가 다른가. 같다고 말하면 지옥감이요, 다르다고 말하면 첩첩산중이다. 자, 그럼 어찌해야 하겠는가. 본칙 공안의 평에서 무문은 '대매(大梅)는 많은 사람을 오해하게 했다'라고 했는데 그 이유는 무엇인가. 정말 '마음이 곧 부처[卽心卽佛]'인 줄만 알고, 예서 단 한 걸음도 더 앞으로 나갈 생각을 하지 않기 때문이다.

이것이 정말 빠져나오기 어려운 함정인 줄을 전혀 모르고 있기 때문이다. '마음이 곧 부처[卽心卽佛]'라는 이 말을 듣는 즉시 두 귀를 막고 달아난다는 것은 바로 이 '부처 불[佛]' 자의 함정이 얼마나 무서운지를 알기 때문이다. 칼날에 묻은 꿀을 빨아먹는 것이 얼마나 위험한 줄을 알고 있기 때문이다.

이런 의미에서 본칙 공안에 대한 고봉원묘(高峰原妙)의 평은 정곡을 찌르고 있다.

"사람들은 이렇게 생각하고 있다. '마음은 본래 부처다. 부처 이외에는 마음이 없다. 그러므로 마음이 곧 부처다.' (그러나 이런 말을 듣기

선시로 보는 무문관

가 참) 괴롭다. 만일 이런 식으로 알고 있다면 뒷날 염라대왕 앞에 가서 쇠방망이를 얻어맞을 날이 있을 것이다. 그렇다면 어찌해야만 (본칙 공안의) 정확한 뜻을 알 수 있겠는가.

돌에 눌린 죽순은 비스듬히 나오고
벼랑에 매달린 꽃은 거꾸로 피네.

(高峰妙云 衆中商量 皆謂心本是佛 佛外無心 故云卽心是佛 苦哉苦哉 若作者般見解 明朝後日 喫鐵棒有分在 旣然如是 合作麽生 石壓筍斜出 巖懸花倒生)."

본칙 공안에 대한 무문의 송은 단도직입적이다. 그러나 무문의 게송 속에 숨어 있는 뜻을 정확히 파악한다는 것은 쉬운 일이 아니다. 혜안(慧眼)이 열리지 않으면 알 수 없는 게송이다. 송의 제1구·제2구는 특히 수행자들이 명심해야 할 대목이다. '벌건 대낮에/ 또 찾는 것은 금물이네.' 그렇다면 벌건 대낮에 더 이상 찾지 않는다면 어찌 되는가. 이 역시 금물이다. 자 그렇다면 도대체 어찌해야 하겠는가.

조주, 노파를 간파하다[趙州¹勘婆]

趙州因僧問婆子²호대 臺山³路向甚處去오 婆云호대 驀直去⁴하라 僧纔行三五步하니 婆云호대 好箇師僧⁵이 又恁麼去라 後有僧이 擧似⁶州하니 州云호대 待⁷我去 與爾勘過⁸這婆子하리라 明日便去에 亦如是問하니 婆亦如是答이라 州歸謂衆曰호대 臺山婆子를 我與爾勘破了也라

無門曰. 婆子는 只解坐籌帷幄⁹이나 要且¹⁰着賊不知¹¹라 趙州老

---

1   조주(趙州): 제1칙에 나왔다.
2   파자(婆子): 할머니[老婆]. 자(子)→어미.
3   대산(臺山): 오대산(五~). 중국 산시성에 있는 산. 문수보살이 상주한다는 청량산(淸凉山). 중국불교의 성지임.
4   맥직거(驀直去): 똑바로 가라.
5   호개사승(好箇師僧): 잘생긴 스님. 허우대(몸)가 멀쩡한 스님.
6   거사(擧似): 거론하다. '사(似)'→어조사.
7   대(待): 한번 ~해 보겠다.
8   감과(勘過): 감파(~破). 점검하다.
9   좌주유악(坐籌帷幄): 장막(지휘소) 속에 앉아 승리의 전략을 짜다.
10 요차(要且): 여하튼.
11 착적부지(着賊不知): 도적에게 털린 걸 모른다.

人이 善用偸營劫塞[12]之機나 又且無大人相[13]이라 撿點將來[14]인댄 二 俱有過니 且道하라 那裏是趙州勘破婆子處오

頌曰. 問既一般이요 答亦相似나 飯裡有砂요 泥中有刺라

【 번역 】

(어떤) 승려가 노파에게 물었다.

"오대산으로 가는 길이 어디입니까?"

노파: "맥직거(驀直去, 똑바로 가시오)."

승려가 세 걸음, 다섯 걸음쯤 (앞으로) 가자 노파가 말했다. "허우대 는 멀쩡한 스님이 또 이런 식으로 가시는군."

그 후에 이 승려가 (이 사실을) 조주에게 말했다.

조주: "내가 한 번 가서 자네를 위해 이 노파를 점검해 보겠다."

그 다음날 (조주는) 노파를 찾아가서 이렇게 물었는데 노파 또한 이 런 식으로 대답했다. 조주는 돌아와서 대중들에게 말했다.

"오대산 노파를 내가 그대들을 위하여 간파해 버렸다."

무문이 말했다:

"노파는 장막 속에 앉아 전술 전략을 세울 줄은 알았으나 여하튼 도적에게 털린 걸 모르고 있다. 조주 노인은 곧잘 적의 진영으로 몰래 잠입하여 적의 요새를 습격했으나 대장부다운 기백이 없다. 살펴보건

---

12 투영겁새(偸營劫塞): 적의 진영으로 몰래 잠입하여 습격하다.
13 대인상(大人相): 대장부다운 기백.
14 점검장래(撿點將來): 점검하다. '장래'→어조사.

대 이 두 사람 모두에게 잘못이 있나니 자, 일러보라. 조주가 노파를 간파한 곳이 어디인가?"

송왈(頌曰)

물음이 똑같고
대답 또한 비슷하나
밥 속에 돌멩이가 있고
진흙 속에 가시가 있네.

【 해설 】

본칙 공안은 『종용록』 제10칙(臺山婆子)과 같은 공안이다. 본칙 공안은 너무나 단순하지만 그러나 이 공안만큼 꿰뚫기가 어려운 공안도 없다. 이 공안은 싱겁기 그지없고 아무 맛이 없지만 씹으면 씹을수록 여러 가지 맛이 나는 게 특징이다. 그래서인가, 예로부터 이 공안을 보는 입장이 아주 다양하다.

중국 오대산 가는 길목에서 한 노파(할멈)가 산나물 같은 것을 뜯어다 팔고 있었다. 어느 날 한 승려가 이곳을 지나가다가 오대산 가는 길을 묻자 노파는 대뜸 '맥직거(驀直去, 똑바로 가라)'라고 말했다. 승려는 노파의 말대로 곧장 앞으로 가고 있는데 뒤에서 노파의 말이 들려왔다. "허우대는 멀쩡한 스님이 또 이런 식으로 가고 있군." 이 승려는 노파의 말을 이해할 수가 없었다. 그래서 조주를 찾아가 자초지종을 말했다. 그 순간 조주는 노파의 전술 전략을 간파하고는 이 승려에게 말했다.

"내가 직접 가서 이 노파를 점검해 봐야겠다."

조주는 노파에게 가서 "오대산 가는 길이 어디냐?"고 물었다. 그러자 노파는 역시 "맥직거(~똑바로 가라)"라고 말했고 조주는 곧장 앞으로 갔다. 그 순간 뒤에서 노파의 혀를 차는 소리가 들려왔다. "허우대는 그럴듯한 양반이 또 이런 식으로 가고 있군." 이 말을 듣고 조주는 돌아와서 말했다. "내가 오대산 길목의 노파를 감파(간파)하고 돌아왔다."

자, 이제부터 여기서 문제가 되는 대목을 되짚어 보자. 노파는 "맥직거(~ 똑바로 가라)"라 해놓고 똑바로 가고 있는 사람에게 왜 또 이런 식으로 간다고 호통을 쳤는가. 조주는 도대체 뭣을 봤길래 "이 노파를 간파했다."고 말하는가. 조주가 노파를 간파했는가. 아니면 조주가 노파에게 간파당했는가. 들어가면 들어갈수록 양파껍질처럼 첩첩산중인 이 공안을 어떻게 꿰뚫을 수 있겠는가.

우선 먼저 무문의 평을 보자. 무문은 평에서 조주와 노파를 동시에 비판하고 있다. 조주에게는 대장부다운 기백이 없고, 노파는 도둑에게 감쪽같이 털리고도 털린 것을 전혀 모르고 있다고 말하고 있다. 그러면서 무문은 은근슬쩍 조주를 추켜올리고 있다. 그러나 취봉현 (翠峰顯)은 조주 역시 이 노파의 올가미에서 벗어나지 못했다는 입장을 취하고 있다.

"천하의 수행자들이 이 노파의 올가미에서 벗어나지 못했다는 이 사실을 알겠는가[還知天下衲僧 出者婆子圈圚不得麼]."

조주의 간파로 인하여 노파의 진가가 확연히 드러났다고 본 것은 위산철(潙山喆)의 입장이다. "천하의 수행자들은 (오대산 가는) 길을 물을 줄만 알았지 발밑에 진흙이 깊은 것을 알지 못했다. 만일 조주 어르신네가 아니었다면 땀 흘린 말의 공(功)이 높은 것(큰 것)을 어찌 드러낼 수 있겠는가(天下衲僧祗知問路 不知脚下泥深 若非趙州老漢 爭顯汗馬功高)."

그런데 여기 또 하나의 입장이 있다. 조주가 노파를 간파한 것이 아니라 노파가 오히려 조주를 간파했다는 고봉원묘(高峰原妙)의 입장이다. "모두들 말하길 조주가 노파를 간파했다고 한다. 그러나 나 고봉의 견처(見處)에서 본다면 노파가 되레 조주를 간파했다. (그렇다면 이를) 어떻게 증명할 수 있겠는가. (고봉은) 손으로 (땅을) 가리키며 말했다. 맥직거(盡道趙州勘破婆子 若據高峰見處 正是婆子勘破趙州 以何爲驗 以手指云驀直去)."

본칙 송의 제1구·제2구에서 무문은 조주와 노파의 전술 전략을 읊고 있다. 지극히 평범한 말 속에 봉(棒)과 할(喝)을 능가하는 기지(機智)와 패기가 숨어 있는 조주와 노파의 전략을 읊고 있다. 제3구·제4구에서는 특히 주의할 점을 상기시키고 있다. 평범한 일상의 말이라 해도 조주와 노파의 말에는 밥 속의 돌멩이와 진흙 속의 가시 같은 덫이 있으므로 정신 바짝 차려야 한다는 것을 상기시키고 있다.

외도가 부처에게 묻다[外道問佛]

世尊[1]因外道[2]問호대 不問有言하고 不問無言이니다 世尊據座[3]하
니 外道贊歎云호대 世尊이 大慈大悲로 開我迷雲하야 令我得入이라
하고 乃具禮而去라 阿難[4]尋問[5]佛호대 外道有何所證컨대 贊歎而去
오 世尊云호대 如世良馬가 見鞭影[6]而行이라

無門曰. 阿難乃佛弟子나 宛不如[7]外道見解라 且道하라 外道與佛
弟子가 相去多少[8]오

頌曰. 劍刃上行이요 冰稜上走라 不涉階梯요 懸崖撒手라

1 　세존(世尊): 세상에서 존경받는 분. 부처님.
2 　외도(外道): 이교도.
3 　거좌(據座): 자리에 그대로 앉아 있다.
4 　아난(阿難): 제6칙에 나왔음.
5 　심문(尋問): 묻다. 물어보다.
6 　편영(鞭影): 채찍 그림자.
7 　완불여(宛不如): 완연히 같지 않다. 전혀 다르다.
8 　상거다소(相去多少): 그 차이가 얼마나 되는가?

부처님에게 어느 외도(이교도)가 물었다:

"유언(有言, 말)으로도 묻지 않고 무언(無言, 침묵)으로도 묻지 않겠습니다."

부처님은 잠자코 앉아 있었다.

이를 보고 외도가 이렇게 (부처를) 칭찬했다.

"부처님은 대자대비로 나를 덮고 있던 미망의 구름을 벗겨줘서 나로 하여금 깨달음으로 들어가게 하셨습니다."

이 말을 끝내고 (그는 부처님에게) 절을 올린 다음 가버렸다. (옆에서 이를 보고 있던) 아난 존자가 부처님께 물었다. "저 외도는 무엇을 증득했기에 이렇게 칭찬하고 가는 겁니까?"

부처: "저 명마는 채찍 그림자만 봐도 달리는 거와 같느니라."

무문이 말했다:

"아난이 비록 불제자(佛弟子)이나 저 외도의 견해와 전혀 다르다. 자일러보라. 저 외도와 불제자가 그 견해 차이가 얼마나 되는가?"

송왈(頌曰)

칼날 위를 가고
얼음 능선 위를 달리네.
(수행의) 단계를 밟지 않고
낭떠러지에 매달려 두 손을 놓네.

【 해설 】

　본칙은 『벽암록』 제65칙 외도양마편영(外道良馬鞭影)과 같은 공안이다. 부처님 생존 시 인도에는 96종의 수행자 집단[九十六種外道]이 있었는데 이 가운데에서도 대표적인 수행자 집단은 여섯 개[六師外道]였다. 본칙에 나오는 외도(外道)는 이 여섯 수행자 집단 가운데 어느 한 집단에 속한 사람이었을 것이다. 여하튼 이 외도(外道, 異敎徒)는 내공이 대단한 수행자였다. 그러므로 언어(말)와 침묵을 벗어난 경지를 물은 것이다. 이 물음에 대답하면 언어(말)에 떨어지고 침묵을 지키면 침묵에 걸리므로 대응하기란 참 난감한 일이다. 그런데 부처님은 이 질문을 받고는 잠자코 앉아 있었다[據座]. 그런데 이를 지켜본 외도는 이렇게 말하면서 절을 하고 돌아갔다. "부처님은 대자대비로 나를 덮고 있던 미망(迷妄)의 구름을 벗겨서 나로 하여금 깨달음을 얻도록 해 주셨다."

　옆에서 시종일관 이 광경을 지켜보던 아난 존자(부처님의 비서실장)는 영문을 알 수 없어 부처님에게 물었다. "저 외도가 뭘 감지했기에 이렇게 말하고 돌아가는 겁니까."

　부처님은 말했다.

　"아난이여, 세상의 명마(名馬)는 채찍 그림자만 봐도 단숨에 천 리를 내닫는 것과 같느니라."

　자, 그렇다면 부처가 잠자코 앉아 있는 것[據座]이 침묵과는 어떻게 다른가? 바로 여기가 본칙 공안의 핵심이다. 이곳을 꿰뚫지 못하면 본칙 공안의 암호는 절대를 해독할 수가 없다. 어디부터 접근해야 할지 그저 아득하기만한 이 공안을 어떻게 무슨 수로 꿰뚫을 수 있단 말인가. 도대체 누구에게 물어봐야 속 시원한 답을 들을 수 있단 말인가. 저 외도는 부처의 잠자코 앉아 있음[據座]을 통해서 언어와 침묵을 초월해 있으면서 동시에 언어와 침묵으로 굽이치고 있는 그 본래자리(中道實相)를 체험했던 것이다.

무르녹은 봄기운으로 본칙 공안을 읊은 환기정(幻寄庭)의 시가 여기 있다.

들새는 저리 지저귀고 있는데
세월 밖의 봄은 소리 없이 오고 있네
꽃도 피기 전인데 저 숲엔 꽃잎이 낭자하니
그 남은 향기에 사람은 취하고 있네
野鳥關關弄語頻　東皇暗轉劫壺春
林花未吐成狼藉　猶有餘香冷醉人

시의 제1구는 외도의 물음을 읊은 것이요, 제2구는 부처의 반응[據座]을 읊은 것이다. 제3구는 본칙 공안의 당처(當處)인 비사량처 심행처멸(非思量處 心行處滅)을 읊은 것이요, 제4구는 본칙 공안을 꿰뚫은 사람의 여유로운 심정을 읊은 것이다.

제33칙 ─ ● ○

마음도 아니요, 부처도 아니다[非心非佛]

馬祖[1]因僧問호대 如何是佛이닛고 祖曰호대 非心非佛이니라

無門曰. 若向者裏[2]見得[3]하면 參學事[4]畢하리라

頌曰. 路逢劍客須呈이요 不遇詩人莫獻하라 逢人且說三分[5]이요
未可全施一片[6]이라

【 번역 】

마조에게 (어떤) 승려가 물었다.

"부처란 무엇입니까."

---

1   마조(馬祖): 제30칙에 나왔다.
2   향자리(向者裏): 향자리(~這~). 여기에서.
3   견득(見得): 깨닫다. 알아차리다.
4   참학사(參學事): 묻고 배우는 일.
5   봉인차설삼분(逢人且說三分): 봉인차설삼분화(~話). 사람을 만나서는 4분의 3만
    을 말하라.
6   미가전시일편(未可全施一片): 미가전시일편심(~心). 마음 전체를 내보여 줘서는 안
    된다.

마조: "비심비불(非心非佛, 마음도 아니요, 부처도 아니다)."

무문이 말했다:

"만일 여기에서 깨닫는다면 묻고 배우는 일이 끝난다."

송왈(頌曰)

길에서 검객을 만나면 (검을) 보일 것이요,

시인을 만나지 않으면 (시를) 읊지 말라.

사람을 만나서는 (4분의) 3만을 말할 것이요,

(마음을) 모두 내보여서는 안 된다.

【 해설 】

본칙 공안은 활구와 사구가 서로 엉켜 있기 때문에 이를 꿰뚫는다는 것은 참 어려운 일이다. 그것은 활구와 사구 사이에 바람도 들어갈 틈이 없기 때문이다. 그런 의미에서 본칙 공안은 '공안 가운데 공안'이라고 할 수 있다. 본칙은 제30칙 공안[卽心卽佛]과 정반대의 입장을 취하고 있다. 제30칙이 활구의 적극적인 표현[放行]이라면 본칙은 활구의 소극적인 표현[把住]이라고 할 수 있다. 개선염(開善謙)은 그래서 본칙 공안의 극한 경지를 다음과 같이 읊고 있다.

논밭을 모두 팔아버려 알거지가 되었으니

어디 가서 먹고 잘지 알 길이 없네.

수루(水樓)에서 만취하여 걸릴 것이 없으니
무쇠젓대 비껴 불며 동정호를 지나가네.
賣盡田園徹骨貧　不知何處可容身
樓頭浪湯無拘檢　鐵笛橫吹過洞庭

'본칙 공안의 활구를 깨닫는다면 더 이상 묻고 배울 게 없다'고 무문은 평에서 말하고 있다. 무문의 이 평은 간단하지만 그러나 이 간단한 말 속에는 본칙 공안의 핵심을 꿰뚫을 수 있는 예지가 번뜩이고 있다. 읽는 이는 절대로 이 점을 간과해서는 안 된다.

무문의 본칙 공안 송은 육언절구(六言絶句)로 되어 있는데 다음의 칠언절구(七~)를 무문이 한 자씩 줄여서 육언절구로 만든 것이다.

路逢劍客須呈劍 不遇詩人莫獻詩
逢人且說三分話 未可全施一片心

즉 제1구의 검(劍), 제2구의 시(詩), 제3구의 화(話), 제4구의 심(心)을 생략한 것이다.

본칙송의 제1구와 제2구는 지음인(知音人)이 아니면 절대로 본칙 공안에 대한 논의를 하지 말라는 부탁이다. 그리고 제3구·제4구에서 무문은 "언어에는 한계가 있기 때문에 무리한 언어사용은 자제하라." 충고를 하고 있다. 마음을 모두 내보여줘서는 안 된다는 걸 말하고 있다. 상대의 체험공간, 즉 여백을 남겨두라고 말하고 있는데 이건 아주 중요한 이야기다. 꼭 말해야 할 것은 말해줘야 하지만 그러나 말해 줘

서는 안 될 것까지 말해서는 안 된다. 그렇기에 깨닫고 나서 향엄지한
(香嚴智閑)은 위산(潙山)이 계신 곳을 향해 향을 피우고 절을 하며 이
렇게 말하지 않았는가.

　"저를 위해서 모두 말해 주지 않으셨군요(不爲我說破)."

제34칙 — ● ○

지혜는 도가 아니다[智不是道]

南泉[1]云. 心不是佛이요 智不是道라

無門曰. 南泉可謂[2]老不識羞라 纔開臭口하야 家醜外揚이라 然雖如是나 知恩者少라

頌曰. 天晴日頭出이요 雨下地上濕이라 盡情都說了니 只恐[3]信不及[4]이라

【 번역 】

남전이 말했다:

"마음은 부처가 아니요, 지혜는 도가 아니다(心不是佛 智不是道)."

무문이 말했다:

---

1   남전(南泉): 제14칙에 나왔음.
2   가위(可謂): ~라고 말할 수 있다.
3   지공(只恐): 다만 (내 말을 믿지 않을까) 걱정된다.
4   신불급(信不及): 안 믿다.

"남전은 늙어서 부끄러운 줄도 모르고 그 더러운 입을 열자마자 집안의 추한 것을 밖으로 내보였다고 할 수 있다. 비록 그렇긴 하나 은혜를 아는 자가 드물다."

송왈(頌曰)

하늘이 개면 해가 뜨고
비가 오면 땅이 젖네.
마음을 기울여 모두 말해 버렸나니
(내 말을) 믿지 않을까 그게 걱정되네.

【 해설 】

본칙은 제19칙(平常是道), 제27칙(不是心佛), 제30칙(卽心卽佛), 제33칙(非心非佛)과 서로 연관되는 공안이다. 그러므로 이 네 개의 공안과 본칙을 서로 비교하면서 탐구(참구)하기 바란다.

"마음은 부처가 아니요, 지혜는 도가 아니다[心不是佛 智不是道]."라고 남전은 말했는데 이 경우 '마음'이란 평상심을 떠난 '조작된 마음'을 말한다. 부처가 되고자 하는 마음으로써는 진정한 부처의 경지에 도달할 수 없다. 부처의 경지는 일체의 번뇌 망상(조작된 마음, 의도적인 마음)을 넘어서 있기 때문이다. 지혜의 경우도 마찬가지다. 여기서의 지혜란 '지식을 통해서 얻은 지적인 이해'를 말한다. 지식을 통해서는 도(道)에 관한 정보는 얻을 수 있어도 진정한 도의 경지는 체험할 수 없다. 도는 지적인 이해를 넘어서 있기 때문이다.

그러므로 '심불시불 지불시도(心不是佛 智不是道)'라는 이 여덟 글자를 단순한 글자 풀이로만 이해해서는 안 된다. 이 여덟 글자 속에 부처[佛]와 도(道)의 세계가 남김없이 드러나 있기 때문이다. 이 여덟 글자 속에 부처[佛]와 도(道)가 드러난 곳은 도대체 어디인가라고 탐구를 계속해야 한다. 말하자면 계란으로 바위를 깨는 식이다. 죽어라고 계란으로 바위를 깨다 보면 어느 날 거짓말같이 픽! 하고 바위가 쪼개지는 순간이 올 것이다. 무문은 본칙 공안 평창에서 남전을 사정없이 깎아내리고 있다.

"늙어서 부끄러운 줄도 모르고 그 더러운 입을 열어 집안의 추한 것을 밖으로 드러냈다."고 말하고 있다. 그러나 이는 반어적인 방법으로 남전을 칭찬한 대목으로 봐야 한다. 본칙 송의 제1구·제2구에서 무문은 조작된 마음과 분별심이 사라진 무심(無心)의 세계를 읊고 있다.

저 푸른 하늘에서 해는 무심히 떠서 만물을 비추고 무심히 내리는 비는 풀과 나무들을 적셔 준다. 만물은 이렇듯 무심[無作爲心] 속에서 생성과 소멸을 반복하나니 이 무작위심으로 되돌아가 합하는 것이 입도(入道)의 시작이다. 그러나 제3구·제4구에서 무문은 이런 이치를 믿는 사람이 드물다고 개탄을 하고 있다.

제35칙 —● ○

두 명의 천녀[倩女離魂]

五祖¹問僧云호대 倩女²離魂하니 那箇是眞底오

無門曰. 若向者裡悟得眞底면 便知出殼入殼이 如宿旅舍³라 其
或未然인댄 切莫亂走하라 驀然⁴地水火風一散에 如落湯螃蟹⁵七手
八脚⁶이니 那時⁷莫言不道⁸하라

頌曰. 雲月⁹是同이나 溪山¹⁰各異라 萬福¹¹萬福이여 是一가 是二아

---

1   오조(五祖): 오조법연(~法演, ~1104), 『벽암록』의 저자인 원오극근(圜悟克勤)의 스승.
2   천녀(倩女): 「이혼기(離魂記)」에 나오는 여주인공 천랑(倩娘).
3   여사(旅舍): 여관, 여인숙.
4   맥연(驀然): 갑자기.
5   낙탕방해(落湯螃蟹): 끓는 물에 떨어진(빠진) 게.
6   칠수팔각(七手八脚): 허둥대다.
7   나시(那時): 그때, 그때 가서.
8   막언불도(莫言不道): (내가) 말해 주지 않았다고 하지 말라.
9   운월(雲月): 구름에 (반쯤) 가려진 달. 여기서는 '본체(本體)'를 상징함.
10   계산(溪山): 계곡과 산. 여기서는 '현상(現象)'을 상징함.
11   만복(萬福): 인사말. 안녕하십니까.

오조법연(五祖法演)이 (어떤) 승려에게 물었다:

"천녀(倩女)의 육체에서 혼이 빠져나갔는데 어느 것이 진짜(천녀)인가?"

무문이 말했다:

"만일 여기에서 진짜(천녀)를 깨닫는다면 껍질(육체)에서 나가고 들어오는 것이 여관에서 잠자는 것과 같을 것이다. 그러나 그렇질 못한다면 (여기저기로) 어지럽게 날뛰지 말라. 갑자기 지수화풍(地水火風)이 흩어질 때(임종 시에) 끓는 탕 물속에 떨어져 허둥대는 게와 같을 것이니 그때 가서 (내가) 말해 주지 않았다고 말하지 말라."

송왈(頌曰)

운월(雲月)은 같으나
계곡과 산[溪山]이 각각 다르나니
안녕하신가, 안녕하신가?
이게 하나인가, 둘인가?

【 해설 】

선의 1,700공안 가운데 본칙은 사랑하는 남녀의 연정을 소재로 한 유일한 공안이다. 이 공안의 소재가 된 것은 당(唐)의 전기소설(傳奇小

說)인 「이혼기(離魂記)」인데 그 내용은 다음과 같다.

당의 측천무후 천수(天授) 3년(如意 1년, 692) 형주(衡州, 지금의 호남성 衡陽) 지방에 장감(張鑑)이라는 사람이 살았는데 그에게는 천녀(倩女)라는 딸이 있었다. 천녀가 성년이 되자 장감은 빈료(賓僚)라는 청년에게 딸을 시집보내기로 했다. 그런데 천녀에겐 왕주(王宙)라는 연인이 있었다. 천녀가 빈료와 결혼한다는 말을 듣고 왕주는 배신감을 느낀 나머지 먼 지방으로 가기 위하여 야밤에 배를 타고 떠났다.

그때 어둠 속에서 한 여자가 배를 향해서 급히 달려오고 있었다. 왕주는 가던 배를 멈추고 기다리고 있었는데 그 여자는 천녀였다. 천녀는 왕주에게 다가와 자신은 왕주 한 사람뿐이라고 말하면서 흐느꼈다. 빈료와 결혼하라는 아버님의 명령을 차마 거절할 수 없어 고민하고 있었는데 왕주가 떠난다는 소식을 듣고 이렇게 달려왔다는 것이다.

왕주는 비로소 천녀의 본심을 알고는 서로 안고 흐느껴 울었다. 왕주와 천녀는 그날 밤 배를 타고 먼 지방으로 가서 부부가 되어 살기 5년. 두 아이를 낳았다. 천녀는 고향 생각이 나서 어느 날 왕주에게 하소연했다. 왕주 역시 고향 생각이 나던 참이라 둘은 고향으로 돌아가기로 했다. 형주로 돌아온 왕주는 천녀를 우선 배에 남겨두고 홀로 장인(장감)을 찾아가 자신의 잘못을 사죄했다. 그러자 장감은 깜짝 놀라며 말했다. "자네가 같이 살았다는 그 여자가 도대체 누구냐?"

왕주: "당신의 딸 천녀입니다."

장감: "내 딸 천녀는 자네가 떠난 이후로 병이 나서 줄곧 저 방에 누워 있는데…"

왕주: "아닙니다. 장인어른, 천녀는 그날 밤 배를 타고 와서 저와 함께 줄곧 살았으며 두 아이까지 낳았습니다. 천녀는 지금 제가 타고 온 저 배에 있습니다."

장감이 사람을 시켜 배에 가서 보니 거기 천녀가 있었다. 그래서 방으로 가보니 역시 거기에도 천녀가 누워 있었다. 이 사실을 방에 누워 있는 천녀에게 알리자 누워 있던 천녀가 일어나서 앉는데 말은 한마디도 하지 않았다. 그 사이에 배에 있던 천녀가 수레를 타고 집으로 들어오자 방의 천녀가 이를 맞아들였다. 배의 천녀가 막 수레에서 내리자 그 순간 배의 천녀와 방의 천녀는 서로 안으며 하나가 되어 버렸다. 이를 본 장감이 딸 천녀에게 말했다.

"왕주가 이곳을 떠난 이후로 너는 한마디 말도 하지 않고 언제나 술 취한 듯 누워 있었다. 그렇다면 너의 혼이 빠져나가서 왕주가 있는 곳으로 갔단 말이냐?"

천녀: "아버님, 저는 집에서 병들어 줄곧 누워 있었는지 확실한 기억은 없습니다. 제가 다른 남자와 결혼한다는 사실을 알게 된 왕주가 배신감을 느끼며 이곳을 떠난 것을 알고 저는 꿈꾸는 듯한 기분으로 왕주의 배를 급히 쫓아갔습니다. 왕주와 같이 가서 살았던 내가 진짜 나인지 아니면 집에서 병들어 줄곧 누워 있던 내가 진짜 나인지 저 자신도 잘 모르겠습니다."

이상이 「이혼기(離魂記)」의 줄거리다. 오조법연은 이 이야기가 허구인지 사실인지 그런 건 전혀 문제 삼지 않고 당시 민간에서 널리 유행하던 연애소설 이야기를 빌어 본래 자기를 탐구하는 공안으로 채택한 것이다. 오조법연은 어떤 승려에게 물었다.

"배의 천녀(船中倩女, 영혼)와 집의 천녀(家中倩女, 육체), 이 둘 가운데 누가 진짜 천녀인가?"

이 물음을 공안의 입장에서 간추린다면 이렇게 된다. 영혼과 육체 가운데 어느 것이 진짜 '나'인가?

무문은 평에서 이렇게 말하고 있다.

"껍질(육체)에서 나가고 들어오는 것[輪廻]이 여관에서 잠자는 것과 같을 것이다."

이 평을 미뤄본다면 무문은 육도윤회(六途輪廻)를 단순한 업보에 의한 윤회로 보지 않고 생명이 진화해 가는 여섯 단계로 보고 있다는 것을 알 수 있다. 이어서 무문은 "(여기저기로) 어지럽게 날뛰지 말라."고 호통치고 있다. 이는 밖으로만 치닫지 말고 자기 자신 안으로 들어가라는 뜻이다. 즉 '진정한 나는 누구인가'라는 물음을 줄기차게 제기하면서 좌선수행[實參實究]을 해야 한다는 의미이다. 본칙송의 제1구·제2구에서 무문은 "본질은 하나인데 보는 입장에 따라 다른 것처럼 보인다."는 것을 읊고 있다. 그것은 마치 구름에 반쯤 가려진 달[雲月]은 하나인데 계곡[溪]에서 보는 달과 산(山) 위에서 보는 달이 다른 것과 같다. 이 경우 구름에 반쯤 가려진 달[雲月]은 본질, 계곡[溪]에서 보는 달은 육체, 산 위에서 보는 달은 영혼에 해당한다.

본칙 송의 제3구에서 무문은 '안녕하신가[萬福]'를 두 번 반복하고 있다. 이는 육체로서의 나와 영혼으로서의 나에게 각각 한 마디씩 붙인 것이다. 즉 육체로서의 나도 '나'요, 영혼으로서의 나도 역시 '나'이다. 그렇다면 '나'는 둘인가 하나인가? 둘이면서 동시에 하나인가, 하나이면서 동시에 둘인가? 이 둘은 같은가 다른가. 같으면서 동시에 다른가, 다르면서 동시에 같은가? 같다면 어디가 같고 또 다르다면 어느 점이 다른가? 누리 잠든 이 밤에 홀로 앉아 이 문제를 곰곰이 탐구해 보라. 도둑을 친 아들로 잘못 알지 말라. 머리를 믿지 말고 가슴으로 내려가라. 이 암호를 푸는 열쇠는 가슴 속에 있다. 카트만두의 밤, 머나먼 그 화장터의 불길 속에서도 타지 않는 이 심장 속에 있다.

어머니
천만 개의 태양보다 더 뜨거운 가슴으로
이 심장 속에 머무시는 어머니
당신의 자비로 이 미망의 밤을 걷어가소서.
하나이면서 동시에 둘이요,
둘이면서 동시에 하나처럼 느껴지는
이 마야[幻影]의 커튼을 걷어주소서.

                                     – 어머니. 석지현

제36칙 ─ ● ○

길에서 깨친 이를 만나면[路逢達道]

五祖[1]曰. 路逢達道人[2]하면 不將語默對니 且道하라 將甚麼對오

無門曰. 若向者裏에 對得[3]親切하면 不妨[4]慶快라 其或未然인댄
也須[5]一切處[6]着眼[7]하라

頌曰. 路逢達道人하면 不將語默對라 攔腮[8]劈面拳[9]에 直下會[10]
便會라

---

1   오조(五祖): 오조법연(~法演) 제35칙에 나왔음.
2   달도인(達道人): 도(道)에 통달한 사람. 깨달은 사람.
3   대득(對得): 상대하다. (상대의 물음에) 대답하다.
4   불방(不妨): 대단히.
5   야수(也須): 또한 ~하지 않으면 안 된다.
6   일체처(一切處): 행주좌와 어묵동정의 이 모든 곳에서.
7   착안(着眼): 진지하게 참구(參究, 탐구)하다.
8   난시(攔腮): 난시(~顋). 볼을 쥐다.
9   벽면권(劈面拳): 주먹으로 얼굴을 때리다.
10   직하회(直下會): 지금 여기서 즉시 알아차리다.

오조법연이 말했다:

"길에서 '도'에 통달한 사람을 만나면 말과 침묵으로 대하지 말라. (그렇다면) 자, 일러보라. 무엇으로 응대해야 하겠는가?"

무문이 말했다:

"만일 여기에서 친절하게 응대할 수만 있다면 아주 경쾌한 일이다. 그러나 그렇지 못한다면 이 모든 곳에서 진지하게 (이 문제를) 탐구해 봐야 한다."

송왈(頌曰)

길에서 '도'에 통달한 사람을 만나면
말과 침묵으로 대하지 말라.
볼을 쥐고 무조건 한 대 때려봐서
(그가) 즉시 알아차린다면 그건 정말로 아는 것이다.

【 해설 】

본칙 공안은 오조법연 이전에도 이미 선승들 사이에서 거론된 바가 있다. 그중에서 설봉의 예를 한 번 들어보자

(어떤) 승려가 (설봉에게) 물었다:

"옛사람은 말하길 '길에서 깨친 이[達道人]를 만나면 말과 침묵[語

默]으로 응대하지 말라'고 했습니다. 그렇다면 도대체 무엇으로 상대해야 합니까?"

설봉이 말했다: "끽다거(喫茶去, 차나 마시고 가라)."

(僧問 古人道 路逢達道人 不將語默對 未審將甚麼對 師云 喫茶去.「五燈會元」(卷七, 雪峰義存禪師章)

여기에서 설봉의 대답(끽다거)은 말이 아닌가? 말과 침묵으로 응대하지 말라고 했는데 설봉은 오히려 말로 응대하지 않았는가? 그러나 설봉의 말(끽다거)은 언어를 사용하긴 했으나 언어의 흔적이 찍히지 않았다[活句]는 이 사실을 알아야 한다. 침묵을 지키되 침묵의 흔적이 없는 예는 유마의 침묵[維摩良久]과 부처의 잠자코 있음[제32칙 外道問佛]이 있다.

깨친 이[達道人]는 구체적으로 어떤 사람을 가리키는가? 올바른 안목을 갖춘 스승을 말한다. 수행 공부에서 제일 중요한 것은 나 자신을 올바르게 이끌어 줄 수 있는 스승을 만나는 것이다. 스승이 없다 해도 간절한 마음만 있다면 나의 스승은 도처에 있다. 나무 한 그루 풀 한 포기가, 나뭇잎을 흔드는 저 바람까지 스승 아닌 게 없다. 이건 절대로 말장난이 아니다. 스승을 만나면 어찌해야 하는가. 말과 침묵으로 상대하지 말아야 한다. 언어(말)와 침묵을 떠나서 각자가 체험한 바를 드러내 보여야 한다. "그렇다면 그 체험한 바를 말과 침묵에 떨어지지 않고 어떻게 드러내 보일 수 있는가?" 라는 이 말이 바로 본칙 공안이 우리에게 던진 질문이다. 이 질문에 대답할 수 있는 길은 오직 하나, 실참실구(實參實究)를 통한 체험밖에 없다. 그 체험을 통해서 언

선시로 보는 무문관

은 바를 드러내 보이는 수밖에 없다.

무문은 평에서 "그렇질 못한다면(응대할 수가 없다면) 이 모든 곳에서 진지하게 (이 문제를) 탐구해봐야 한다."고 말하고 있다. 이는 언제 어느 곳에서나 마음공부를 게을리하지 말라는 뜻이다.

본칙송의 제1구·제2구는 본칙 공안을 강조하기 위해서 오조법연의 말을 다시 한 번 송으로 읊은 것이다. 제3구·제4구는 달도인(達道人)을 상대하는 무문 방식이다. 달도인을 만나면 무조건 주먹으로 한 대 갈겨봐서 그가 어떻게 나오는가를 봐야 한다. 그의 반응을 보면 곧 그의 경지를 알 수 있다. 그러나 이 무문 방식은 아무나 함부로 쓸 수 있는 전술 전략이 아니다. 왜냐하면 위험하기 이를 데 없는 조폭식이기 때문이다. 이 무문 방식은 좀 더 부드럽게 다음의 두 갈래로 밀고 나갈 수가 있다.

첫째, 오직 달도인(達道人)만을 찾고 불법(佛法)은 찾지 말라. 둘째, 달도인을 찾기 전에 우선 먼저 나 자신이 달도인이 되어야 한다. 그래야만 달도인을 알아볼 수 있는 안목이 열린다.

제37칙 ─ ● ○

뜰 앞의 잣나무[庭前柏樹]

趙州[1]因僧問호대 如何是祖師西來意[2]닛고 州云호대 庭前柏樹子[3]라

無門曰. 若向趙州答處에 見得親切하면 前無釋迦하고 後無彌勒하리라

頌曰. 言無展事[4]요 語不投機[5]니 承言者喪[6]이요 滯句者迷[7]라

【 번역 】

조주에게 (어떤) 승려가 물었다. "조사서래의(祖師西來意)가 무엇입니

---

1 조주:(趙州): 제1칙에 나왔음.
2 조사서래의(祖師西來意): 조사(달마)가 서쪽(인도)에서 (중국으로) 온 뜻. 즉 선(禪)의 핵심.
3 백수자(柏樹子): '백수'→측백나무. 우리나라에서는 이 '백수'를 '잣나무'라고 하는데 공안으로서의 그 뜻은 별 차이가 없다. '자(子)'→어조사.
4 전사(展事): 사실을 설명하다.
5 어불투기(語不投機): 언어문자만으로는 상대의 심기(心機, 마음의 움직임)에 계합할 수가 없다.
6 상(喪): 상실(~失). (자기 자신을) 잃어버리다.
7 미(迷): 미혹(~惑)하다. 미혹에 빠지다.

선시로 보는 무문관

까."

조주: "정전백수자(庭前柏樹子, 뜰 앞의 잣나무)."

무문이 말했다:

"만일 조주의 답처(答處)에서 분명하게 알아차린다면 앞에는 석가모니불이 없고 뒤에는 미륵불이 없을 것이다."

송왈(頌曰)

말은 사실을 설명한 것이 아니요,
문자만으로는 상대의 마음(心機)에 계합할 수가 없네.
그러므로 말을 수긍하는 자는 (자기 자신을) 상실하고
문자에 걸린 자는 미혹에 빠지네.

【 해설 】

본칙 공안은 대부분 앞부분은 잘리고 뒷부분만 거론되고 있는데 그 전체를 인용한다면 다음과 같다.

그때 (어떤) 승이 (조주에게) 물었다: "어떤 것이 조사서래의입니까?"

스승(조주)은 말했다: "정전백수자(庭前柏樹子, 뜰 앞의 잣나무)."

학인(승)이 말했다: "스님은 (눈앞의) 경치를 가지고 사람에게 보이지 마십시오."

스승(조주)이 말했다: "나는 경치를 가지고 사람(그대)에게 보이지 않았다.”

　(승이) 말했다: “어떤 것이 조사서래의입니까.”

　스승(조주)이 말했다: “정전백수자.”

（時有僧問 如何是祖師西來意 師云庭前柏樹子· 學云 和尙莫將境示人 師云 我不將境示人 云如何是祖師西來意 師云 庭前柏樹子)　　　　　　　－『조주록』

　본칙 공안은 이처럼 생략된 앞부분을 봐야만 공안 전체의 흐름을 제대로 파악할 수가 있다. 조사서래의(祖師西來意, 선의 핵심)를 물었는데 조주가 '정전백수자'라고 대답한 것은 결코 뜰 앞에 있는 잣나무를 가리킨 것이 아니다. 그렇다면 왜 '정전백수자'라고 했는가. '정전백수자'라는 이 다섯 글자 속에 조사서래의 전체가 드러난 곳이 있다. 그 곳이 어딘가라고 줄기차게 의문을 제기하면서 탐구해 가야 한다. 그러면 이 의문이 뚫릴 때 그대는 알게 될 것이다. 조주의 이 대답이 얼마나 고마운가를.

　　백억의 글귀를 초월했네, 이 한 구절 분명함이여,

　　뼈를 갈고 몸을 부숴도 그 은혜 다 갚을 수 없네.

　　一句了然超百億　粉骨碎身未足酬

　　　　　　　　　　　　　　　　　　－『벽암록』

　황룡혜남(黃龍慧南)은 이 정전백수자의 경지를 다음과 같이 청아하게 읊고 있다.

저 나무들 겨울 되면 물기 마르고 시드나

조주의 '정전백수자'는 오히려 더욱 푸르네.

서릿발 속에서도 굳은 절개 지켰을 뿐 아니라

달빛 아래 맑은 가락을 얼마나 연주했는가.

萬木隨時有凋喪　趙州庭柏鎭長榮

不獨凌霜抱貞節　幾奏淸音對月明

　　본칙 공안송은 무문의 창작이 아니라 동산수초(洞山守初)의 작품이
다. 동산수초의 상당법문(上堂法門)을 무문이 인용한 것이다. 본칙 송
의 제1구·제2구는 언어를 사용했으나 그 참뜻은 개념을 초월했기 때
문에 개념 파악만으로는 알 수 없다는 것을 읊은 것이다. 제3구·제4
구는 '개념 파악에만 몰두하는 자는 지혜의 안목이 상하고 또 글귀에
막힌 자는 길을 잃어버린다'는 것을 읊은 것이다.

제38칙 ─ ● ○

물소가 창문을 빠져나가다[牛過窓欞]

五祖¹曰. 譬如水牯牛²過窓欞³이니 頭角四蹄都過了⁴나 因甚麼하야 尾巴⁵過不得고

無門曰. 若向者裏⁶에 顚倒⁷著得一隻眼⁸하야 下得⁹一轉語¹⁰하면 可以上報四恩¹¹하고 下資¹²三有¹³하리라 其或未然인댄 更須照顧尾巴始得¹⁴이니라

---

1   오조(五祖): 제35칙에 나왔음.
2   수고우(水牯牛): 물소.
3   창령(窓欞): 격자창문. '령(欞)'은 령(櫺)'과 같은 글자임.
4   과료(過了): 지나가다. 그러나 여기선 '빠져나가다'의 뜻.
5   미파(尾巴): 꼬리.
6   자리(者裏): 자리(這~). 여기.
7   전도(顚倒): 흔도(掀~). (禪床을) 뒤엎어 버리다. 여기서는 '분명하다'는 뜻이다.
8   착득일척안(著得一隻眼): 안목이 열리다. 혜안(慧眼)이 열리다.
9   하득(下得): ~을 말할 수 있다.
10   일전어(一轉語): 깨달음의 계기가 될 수 있는 한마디.
11   사은(四恩): ①부모의 은혜 ②스승의 은혜 ③나라의 은혜 ④시주(施主)의 은혜.
12   자(資): 돕다(~助). 구제하다.
13   삼유(三有): 삼계(三界)의 모든 중생들.
14   수~시득(須~始得): ~하지 않으면 안 된다.

頌曰. 過去[15]墮坑塹[16]이요 回來[17]卻被壞라 者些尾巴子[18]여 直是[19] 甚奇怪라

【 번역 】

오조법연이 말했다:

"비유하자면 물소가 격자창문을 빠져나가는 것과 같나니 머리와 뿔, 네 다리가 모두 (창문을) 빠져나갔으나 뭣 때문에 꼬리는 빠져나가지 못하는가."

무문이 말했다:

"만일 여기에서 분명하게 안목이 열려 일전어(一轉語)를 할 수 있다면 위로는 사은(四恩)을 갚고 아래로는 삼유(三有)를 도울 수 있을 것이다. 그러나 그렇지 못한다면 반드시 이 꼬리를 참구하지 않으면 안 된다."

송왈(頌曰)

지나가면 구덩이에 떨어지고
뒤로 물러서면 부서져 버리나니

---

15 과거(過去): 여기선 앞으로 나가다. 지나가다는 뜻임.
16 갱참(坑塹): 구덩이.
17 회래(回來): 돌아오다. 그러나 여기선 '뒤로 물러서다'는 뜻임.
18 자사미-파자(者些尾巴子): 이 작은(者些) 꼬리(尾巴子). '자(子)'→어조사.
19 직시(直是): ①지금 바로 ②비록 ③참으로. 여기선 ③의 뜻임.

이 작은 꼬리여,

참으로 기괴하기 이를 데 없네.

【 해설 】

본칙 공안은 손을 좀 봐야 한다.

우선 먼저 공안의 첫 부분 '비유하자면 ~와 같다[譬如]'는 대목을 잘라버려야 한다. 왜냐하면 이 대목을 생략해야만 공안이 탄력을 받고 질문하는 의도가 보다 선명해지기 때문이다. 그러므로 다음과 같이 고쳐야만 한다.

– 물소가 (자신의 몸보다 몇천 배나 작은 격자) 창문을 빠져나가는데 머리와 뿔, 네 다리가 모두 (격자창문을) 빠져나갔으나 무엇 때문에 (격자창문보다 더 작고 가는) 꼬리는 빠져나가지 못하는가(因甚麼尾巴過不得)?

무문의 본칙평은 특별히 설명을 덧붙여야 할 곳이 없다. 그러나 무문의 본칙송은 오조법연의 물음(본칙 공안)에 대한 정확한 대답이라고 보기에는 좀 무리가 있다. 오조법연은 "뭣 때문에 꼬리는 빠져나가지 못하는가(因甚麼尾巴過不得)?"라고 물었는데 무문은 이 대목을 "지나가면(빠져나가면) 구덩이에 떨어진다(본칙 송의 제1구)."라는 금지사항으로 보고 있다. 즉 수행의 속도가 너무 빠르면 허무의 구덩이로 떨어질 위험이 있으므로 조심해야 한다는 말이다. 송의 제2구는 이와 반대로 수행의 속도를 너무 늦추면 번뇌 망상의 소용돌이에 빠져 통속적이 되므로 이 역시 경계해야 한다는 것을 읊고 있다. 이것은 "너무 앞으로만 내닫지도 말고 너무 뒤로 물러서지도 말라."는 중도적 입장을 강조한 것으로서 아주 중요한 말이다. 그러나 본칙 공안에 대한 송으로서는 적절치 않다. "물소가 (자신의 몸보다 몇천 배나 작은 격자) 창문을 빠져나가는데 머리와 뿔, 네 다리가 모두 (격자창문을) 빠져나갔다."는 것은 무슨 뜻인가. 참된 수행자는 부귀와 명예 등 버리기 어려운 모든 것을 버렸다는 뜻이다. "무엇 때문에 (격자창문보다 더 작고 가는) 꼬리는 빠져나가지 못하는가?"라는 물음은 무슨 뜻인가. 이토록 참된 수행자가 왜 '나는 참된 수행자'라는 이 한 생각[一念]에서 벗어나지 못하는가라는 뜻이다. 그러므로 무문은 중도적 입장을 강조할 것이 아니라 오조법연의 이 물음에 대한 정확한 답변을 했어야 한다.

문: "물소가 격자창문을 빠져나가는데 머리와 뿔, 네 다리가 모두 (격자창문을) 빠져나갔으나 무엇 때문에 (격자창문보다 더 작고 가는) 꼬리는 빠져나가지 못하는가?"

답: "부처가 있고 불법이 있기 때문이다(有佛有法故)."

문: "부처가 없고 불법이 없을 때는 어떤가(無佛無法時如何)?"

답: "역시 꼬리는 (격자창문을) 빠져나가지 못한다(亦是尾巴過不得)."

문: "그렇다면 어찌해야 하겠는가(畢竟如何卽得)?"

답: "부처가 있고 불법이 있고, 부처가 없고 불법이 없음이여, 그게 그것이니 바람이 불면 풀이 눕는다(有佛有法 無佛無法 兩彩一賽 風行草偃)."

잠시라도 '참된 수행자(물소의 꼬리)'라는 생각에 머문다면 이미 빗나갔다는 것을 대매치(大梅幟)는 이렇게 말했다.

"빠져나가고 빠져나가지 못하고는 그렇다 치고 도대체 무엇을 물소의 꼬리라고 부르는가." 조금 있다가 말하길 "온 누리에 숨기지 않아서 그 전체가 드러났지만 털끝만큼이라도 (이것을) 본다면 (참된 수행자라는 생각이 도사리고 있다면) 일은 이미 어긋나 버리고 만다(過得過不得則且置 畢竟喚什麼作牛尾巴 良久云遍界不藏全體露 絲豪有見事還差)."

그러나 여기 물소의 꼬리마저 빠져나가 버린(사라져 버린) 사람의 청빈한 삶을 녹우초(綠雨蕉)는 이렇게 읊고 있다.

비바람은 까닭 없이 저 낙매곡(落梅曲)을 시샘하여
창호지문 대창살을 뒤흔들며 울부짖네.
한바탕 멋진 꿈은 놀라 산산이 흩어지고
인기척도 없는데 봉창문이 절로 열리네.
風雨無端妬落梅　紙牕竹榻亂聲來
一場好夢都驚散　逢戶無人門自開

제39칙 ― ● ○

운문의 화타[雲門話墮[1]]

雲門[2]因僧問호대 光明寂照遍河沙. 一句未絶에 門遽曰[3]호대 豈不是[4]張拙秀才[5]語아 僧云是니다 門云話墮也로다 後來死心[6]이 拈云호대 且道하라 那裡是者僧[7]話墮處오

無門曰. 若向者裏에 見得[8]雲門用處孤危[9]와 者僧因甚[10]話墮하면 堪與人天爲師[11]하리라 若也未明인댄 自救不了라

頌曰. 急流垂釣하니 貪餌者着[12]이라 口縫[13]纔開하면 性命喪却하리라

---

1 화타(話墮): 말에 걸리다. 언어문자에 떨어지다.
2 운문(雲門): 제15칙에 나왔음.
3 거왈(遽曰): 재빨리 ~라고 말하다.
4 기불시(豈不是): 어찌 ~이 아닌가.
5 장졸수재(張拙秀才): 당대(唐代)의 거사. 석상경저(石霜慶諸) 문하에서 득도(得道)했다.
6 사심(死心): 황룡사심(黃龍~, 1043~1114) 선사.
7 자승(者僧): 차승(此~). 이 승.
8 견득(見得): 알아차리다. 간파하다.
9 고위(孤危): 준엄해서 접근하기가 어렵다.
10 인심(因甚): 위심(爲~). 인십마(~什麼). 어째서. 왜.
11 감여~위사(堪與~爲師): ~의 스승이 될 수 있다.
12 착(着): 여기서는 '(낚싯바늘에) 걸리다'의 뜻.
13 구봉(口縫): 주둥아리. 입부리.

【 번역 】

운문에게 (어떤) 승려가 '광명적조편하사(光明寂照遍河沙)'라고 물었는데 이 말이 채 끝나기도 전에 운문이 재빨리 말했다. "그것은 장졸 수재의 말[語]이 아닌가?"

승: "그렇습니다."

운문: "말에 떨어졌도다[話墮也]."

그 후에 황룡사심(黃龍死心)이 이 공안을 평하여 이렇게 말했다. "자, 일러보라. 이 승려가 말에 떨어진 곳[話墮處]이 어디인가."

무문이 말했다:

"만일 여기에서 준엄한 운문의 전략과 이 승려가 왜 말에 떨어졌는가를 간파할 수 있다면 인천(人天, 인간과 신들)의 스승이 될 수 있다. 그러나 만일 이를 분명히 알지 못한다면 자기 자신조차 구제할 수 없다."

송왈(頌曰)

급류에 낚싯줄을 던지니
미끼를 탐내는 자 덜컥! 걸려들었네.
다문 입부리(입)를 열자마자
그대로 모가지가 날아가네.

　　　　　　　　　　　　선시로 보는 무문관

【 해설 】

어떤 승려가 운문에게 장졸수재(張拙秀才)의 오도송(悟道頌) 첫 구절[光明寂照遍河沙]을 막 읊고 있는데 운문이 갑자기 끼어들면서 말했다.

"그것은 장졸수재의 오도송이 아닌가."

기습을 당한 이 승은 "그렇습니다."라고 말했다. 그 순간 운문의 번개 작전이 개시되었다. "말에 떨어졌도다(話墮也)."

공안은 여기서 끝난다. 그러나 만일 이 승려가 안목이 열려 반격을 했더라면 기막힌 한판 승부가 될 뻔했다.

운문은 왜 '말에 떨어졌다(話墮也)'고 했는가. 이 승려가 말에 떨어진 곳이 어딘가. 바로 여기가 본칙 공안의 핵심이다. 벗이여, 번개 같은 운문의 작전을 알아차릴 수 있겠는가. 운문도 역시 '말에 떨어진 곳'을 간파할 수 있겠는가. 무문의 본칙 공안평은 정확하게 공안의 핵심을 관통하고 있다. 게다가 무문의 본칙송은 단연 압권이다. 본칙 송의 제1구·제2구에서 무문은 운문의 기습공격과 이 승려의 대답을 절묘하게 읊고 있다. 그것은 마치 "급류에 낚싯줄을 던지자 미끼를 탐내는 고기가 덜컥! 낚싯밥을 무는 것과 같다."고 읊고 있다. 제3구·제4구에서는 운문의 번개 작전을 압도하는 무문의 간파력이 빛을 발하고 있다. '다문 입을 열자마자 그대로 모가지가 날아간다'니…. 이 얼마나 눈부신 대목인가.

여기 장졸수재의 오도송 전문을 소개한다.

고요한 빛이 온 누리를 비추니

범부, 성인, 뭇 중생들이 나와 하나네.

한 생각도 일어나지 않으면 전체가 드러나고

육근(六根)이 움직이자마자 번뇌의 구름에 가리우네.

번뇌를 부수면 병은 더욱 깊어지고

본래자리로 되돌아가려는 이 역시 잘못이네

세상 인연 따라 걸림이 없으니

열반과 생사가 모두 공화(空花) 같네.

光明寂照遍河沙　凡聖含靈共我家

一念不生全體現　六根才動被雲遮

破除煩惱重增病　趣向眞如亦是邪

隨順世緣無罣礙　涅槃生死等空花

소산여(疎山如)의 다음 시는 정확히 문제의 핵심을 간파하고 있다. 질문하는 승려가 말에 떨어졌을 뿐만 아니라 운문 자신도 '말에 떨어지고 만 곳'까지를 모두 간파하고 있다.

물음과 대답에 큰 잘못은 없지만

무쇠 벽과 은산(銀山)을 어찌 꿰뚫는단 말인가.

주고 뺏기를 맘대로 하지만 말에 떨어지고 말았으니

천고에 길이 슬픈 가락만 귓가에 맴도네.

問來答去無偏黨　鐵壁銀山作麼通

縱奪臨機言語墮　遂令千古動悲風

제40칙 —● ○

정병을 걷어차 버리다[趯倒¹淨瓶²]

潙山³和尙은 始⁴在百丈⁵會中하야 充⁶典座⁷라 百丈이 將選大潙主人⁸할새 乃請⁹同首座¹⁰하야 對衆下語¹¹호대 出格者¹²可往이라하니라 百丈遂拈淨瓶하야 置地上하고 設問云호대 不得喚作淨瓶이면 汝喚作甚麼오 首座乃云호대 不可喚作木突¹³也니다 百丈却問於山하

---

1 척도(趯倒): 발로 걷어차 버리다.
2 정병(淨瓶): 음료수를 담는 물병.
3 위산(潙山): 위산영우(~靈祐, 771~853). 위앙종(潙仰宗)의 시조.
4 시(始): 처음에. 당초에.
5 백장(百丈): 제2칙에 나왔음.
6 충(充): (소임을) 맡다.
7 전좌(典座): 선원에서 식사와 반찬 일체를 담당하는 직책.
8 대위주인(大潙主人): 대위산(~山)의 주인.
9 청(請): 부르다[召].
10 수좌(首座): 선원의 우두머리.
11 하어(下語): 착어(著語). 일전어(一轉語)를 제시하다.
12 출격자(出格者): 뛰어난 인물.
13 목돌(木突): 말뚝. 나막신.

니 山乃趯倒淨瓶而去라 百丈笑云호대 第一座¹⁴가 輸却¹⁵山子¹⁶也라 因命之爲開山¹⁷이라

無門曰. 潙山一期之勇¹⁸이나 爭奈跳百丈圈圜¹⁹不出²⁰이리오 檢點將來²¹면 便重不便輕²²이라 何故오 聻²³ 脫得盤頭²⁴하고 擔起鐵枷²⁵라

頌曰. 颺下²⁶笊籬²⁷幷木杓²⁸하고 當陽²⁹一突³⁰絶周遮³¹라

百丈重關攔不住³²니 脚尖³³趯出³⁴佛如麻³⁵라

---

14 제일좌(第一座): 수좌(首座).
15 수각(輸却): 패배하다. 지다.
16 산자(山子): 위산영우.
17 개산(開山): 선원을 세우고 수행자들을 가르치다.
18 일기지용(一期之勇): 일생지용(~生~). 일생의 용기.
19 권궤(圈圜): 손아귀. 우리.
20 도~불출(跳~不出): 벗어나지 못하다.
21 검점장래(檢點將來): 자세히 살펴보다. '장래(將來)'→어조사.
22 변중불변경(便重不便輕): 무거운 것[重]을 선택하고[便] 가벼운 것[輕]을 선택하지 않다.
23 이(聻): 잘 보라(각성을 촉구하거나 주의를 환기시키는 말).
24 반두(盤頭): 전좌 직책.
25 철가(鐵枷): 옛날에 죄인의 목에 씌우던 무쇠 형틀.
26 양하(颺下): 내던져 버리다.
27 조리(笊籬): (쌀을 이는) 조리.
28 목표(木杓): (국을 푸는) 국자.
29 당양(當陽): ①정남쪽. 정면 ②분명하다. 여기서는 ①의 뜻.
30 일돌(一突): 일인돌출(~人~出). 한 사람(위산)이 돌출하여.
31 주차(周遮): 말이 많은 것. 말이 핵심에서 벗어남. 지말적인 것.
32 난부주(攔不住): 더 이상 가둘 수 없다.
33 각첨(脚尖): 발끝.
34 척출(趯出): 차버리고 나가다.
35 불여마(佛如麻): (무수한) 부처들이 삼베 실타래처럼 흩어지다.

【 번역 】

위산(潙山)은 처음에 백장의 회상(會上)에서 전좌(典座) 직책을 맡고 있었다. (어느 날) 백장은 대위산(大潙山)의 주인을 뽑으려고 했다. (그래서) 수좌와 (위산을) 같이 불러놓고 대중들에게 (이렇게) 말했다. "(이 두 사람 가운데) 뛰어난 자가 (대위산에) 가리라."

백장은 정병(淨瓶)을 땅 위에 놓고는 (수좌에게) 물었다. "(이것을) 정병이라고 부르지 않는다면 그대는 무엇이라고 부르겠는가."

수좌: "나막신이라고 부르는 것도 옳지 않습니다."

백장이 위산에게 묻자 위산은 정병을 걷어차 버리고 가버렸다. (이를 보고) 백장은 웃으며 말했다.

"제1좌(第一座, 수좌)가 위산에게 졌도다."

이로 인하여 (백장은 위산에게 대위산으로 가서) 개산(開山)하라고 했다.

무문이 말했다:

"위산은 대단한 용기가 있었으나 백장의 올가미를 벗어나지 못한 걸 어찌 하겠는가. 그러나 자세히 살펴본다면 (백장은) 무거운 쪽[重, 위산]을 선택하고 가벼운 쪽[輕, 수좌]을 선택하지 않았다고 할 수 있다. 왜 그런가. 이(聻, 잘 보라) (위산은) 반두(盤頭, 전좌직책)를 벗어던지고 무쇠칼[鐵枷]을 짊어진 꼴이 되었다."

송왈(頌曰)

조리와 국자를 내던지고

정면으로 뛰어나오니 잔말이 필요없네.

백장의 중관(重關)도 더 이상 (그를) 가둘 수 없어

(정병을) 차버리고 가니 부처들이 실타래처럼 흩어지네.

【 해설 】

본칙 공안에는 한 사람의 시험관(백장)과 두 명의 시험생(수좌와 위산)이 등장한다. 첫 번째 시험생은 선원의 통솔자인 수좌다. 시험관은 정병(淨瓶)을 수좌 앞에 놓고 물었다.

"(이것을) 정병이라 부르지 않는다면 뭣이라고 부르겠는가?"

수좌: "나막신이라 부르는 것도 옳지 않습니다."

수좌의 이 대답은 백장의 물음과 정확히 일치하고 있다. 왜냐면 정병을 정병이라 부르지 않는다면 나막신이라 부르는 것도 옳지 않기 때문이다. 왜냐면 우리는 명칭을 통해서 사물을 인식하기 때문이다. A를 정병이라 부르기로 약속했다면 당연히 정병이라 불러야 한다. 그런데 정병을 정병이라 부르지 않는다는 것은 호칭에 대한 약속(언어 질서)을 깨는 것이기 때문이다. 이런 입장에서 본다면 정병을 나막신이라 부르는 것은 언어 질서를 파괴하는 것이다. 그러므로 수좌의 대답에는 전혀 잘못이 없다.

다음으로 시험관은 위산에게 똑같은 질문을 했다. 그 순간 위산은 정병을 걷어차 버리고 가버렸다. 백장은 웃으면서 위산을 대위산의 주인으로 뽑았다. 그렇다면 위산과 수좌의 다른 점은 무엇인가? 수좌는 백장의 물음에 딱 맞는 대답을 했지만 위산은 파격적인 방법으로 응수를 했다는 이것이 수좌와 위산의 다른 점이다. 여기 우열은 없지만 그러나 백장은 수좌의 멋진 방어보다는 위산의 파격적인 응수에 손을 들어줬다. 이렇게 하여 위산은 대위산(大潙山)으로 가서 법석(法席)을 열게 된 것이다. 그러나 결국은 위산도 역시 백장의 손아귀에서 벗어나지는 못했다. "전좌 직책을 벗어던지고 무쇠칼[鐵枷]을 짊어진 꼴이 되었다."고 무문은 위산을 평하고 있는데 이는 '선원의 주방장직을 내던지고 대위산의 주인이라는 막중한 책임을 떠맡게 되었다'는 뜻이다.

본칙 송의 제1구, 제2구에서 무문은 위산의 파격적인 방법을 읊고 있다. 제3구에서는 백장의 고난도 물음을 위산은 거뜬히 통과했다는 것을 읊고 있다. 제4구는 정병을 걷어차 버린 위산을 극찬하는 대목이다. 정병을 걷어차 버리는 그 순간 위산의 발끝에서 시방삼세의 모든 부처님들이 마치 실타래처럼 흩어져 버렸다는 것이다. 위산에게는 이제 성불도 부처도 더 이상 필요치 않다는 것이다. 위산의 이 파격적인 응수를 상방익(上方益)은 이렇게 읊고 있다.

산 앞에 신기(信旗)가 펄럭여도 아랑곳하지 않고
장군의 장막 속으로 그냥 단도직입해 들어가네.
긴 창과 짧은 창이 도무지 쓸모없게 되었으니
장군의 황금인[金印]을 빼앗아 돌아오네.
不顧山前有信旗　單刀一直入籌帷
長戈短戟都無用　奪得將軍金印歸

제41칙 — ● ○

달마의 안심[達磨¹安心]

達磨面壁에 二祖²立雪斷臂云호대 弟子心未安하니 乞師安心하소서 磨云호대 將心來하라 與汝安하리라 祖云호대 覓心了不可得이니다 磨云호대 爲汝安心竟이니라

無門曰. 缺齒³老胡⁴가 十萬里航海特特⁵而來하니 可謂是無風起浪이라 末後⁶接得一箇門人이나 又却六根不具⁷라 咦⁸. 謝三郎이 不識四字⁹라

---

1   달마(達磨): 보리달마(菩提~). 420~478년 사이에 인도에서 배를 타고 중국 남방으로 들어와 중국 선종의 제1조가 되었다.
2   이조(二祖): 혜가(慧可, 486~593) 40세경에 보리달마를 찾아가 그의 법(法)을 이은 사람.
3   결치(缺齒): 앞니가 빠지다.
4   노호(老胡): 늙은 오랑캐. 여기선 '달마대사'를 지칭함.
5   특특(特特): 득득(得得). 먼 길을 힘들게 오다.
6   말후(末後): 최후.
7   육근불구(六根不具): 육근이 완전하지 못하다. 2조 혜가는 한 팔을 잘라 달마에게 바쳤기 때문에 완전한 육근을 구비하지 못했다.
8   이(咦): 자, 잘 보라. 꾸짖거나 주의를 환기시키는 말.
9   사삼랑 불식사자(謝三郎 不識四字): 사삼랑(~)→무지몽매한 어부. 무지몽매한 사람. 불식사자(~)→자기 이름 석 자 이외에 네 번째 글자[四字]를 알지 못하다. 그러나 이 말은 반어적으로 '일체의 분별심이 끊어졌다'는 뜻이다.

頌曰. 西來直指여 事因囑起[10]라 撓聒[11]叢林은 元來是爾라

【 번역 】

달마(達磨)가 (소림사에서) 면벽하고 있는데 2조 혜가(二祖 慧可)가 눈 속에 서서 팔을 잘라 바치며 말했다. "제자 마음이 편치 않으니 스승 님께서는 제 마음을 편케 해 주십시오."

달마: "그 마음을 가져와라. 그대를 위해서 (그 마음을) 편하게 해 주리라."

이조: "마음을 찾아봐도 찾을 수 없습니다."

달마: "(내가 이미) 그대의 마음을 편안하게 했도다."

무문이 말했다:

"앞니 빠진 노호(老胡, 달마)가 바다 건너 10만 리를 힘들게 (중국으로) 왔으니 이는 바람도 없는데 파도를 일으켰다고 할 수 있다. 뒤에 가서 한 사람의 제자를 얻었으나 (그는) 육신이 성치 않은 불구자였다. 이(咦). 사삼랑(謝三郎)이 네 번째 글자를 모르고 있다."

송왈(頌曰)

서래의(西來意)를 단도직입적으로 가리킴이여,

---

10 사인촉기(事因囑起): 일(깨닫는 일)은 달마가 혜가에게 (법을) 전해줌[附囑]으로써 시작됐다.
11 요괄(撓聒): 소란을 피우다.

사건은 이 '법의 전수'로부터 시작되었네.

총림을 (이토록) 시끄럽게 만든 것은

원래 그대(달마)였구나.

【 해설 】

본칙 공안은 달마대사와 2조 혜가(二祖 慧可)의 만남으로부터 시작된다. 혜가는 소림사로 달마를 찾아가 가르침을 청했으나 달마는 혜가를 거들떠보지도 않았기 때문에 혜가는 밤새도록 문밖에 서 있었다. 때는 엄동설한, 눈이 내려 혜가의 허리까지 쌓였다. 막 먼동이 트고 있을 무렵 달마는 혜가를 뒤돌아보며 말했다.

"왜 그렇게 밤새도록 서 있는가?"

혜가: "저는 불법(佛法)의 참된 가르침을 구하러 왔습니다."

달마: "불법의 참된 가르침을 자네 같은 애송이에게는 전해 줄 수 없다."

그 순간 혜가는 자신의 팔을 잘라 달마에게 바쳤고, 이 일로 하여 달마는 혜가에게 불법의 참된 가르침을 전해 줬다는 것이다. 그러나 이 이야기의 진위 여부는 별로 중요하지 않다. 정말 중요한 것은 왜 이런 이야기가 만들어졌느냐이다. 도(道)를 얻기 위해서는 목숨도 돌보지 말아야 한다[爲法亡軀]는 것을 극한적으로 강조한 것이 본칙 공안이라고 보면 된다. 혜가는 달마에게 "마음이 편치 않으니 편안하게 해 달라."고 했다. 그러자 달마는 "편치 않은 그 마음을 가져오라."고 했고 혜가는 "마음을 찾아봐도 찾을 수 없다[覓心了不可得]."고 했다.

선시로 보는 무문관

그러자 달마는 "(내가 이미) 그대 마음을 편안하게 해 줬다."고 했다. 이게 도대체 무슨 말인가. 달마가 혜가의 마음을 편케 해 준 곳이 도대체 어딘가. "마음을 찾아봐도 찾을 수 없다[覓心了不可得]."고 말한 이 대목을 절대로 놓치지 말라. 본칙 공안을 꿰뚫을 수 있는 급소는 바로 이 대목이다. 이 대목에서 끝장을 보지 않으면 더 이상 갈 곳이 없다. 여기 붉은 피 떨어지는 팔을 잘라 바치는 혜가의 모습을 너무나도 황홀하고 신비롭게 묘사한 시가 있다. 우리나라 스님 청매인오(靑梅印悟, 지리산 연곡사 스님)의 시다.

> 서릿발 같은 칼로 봄바람 베어냄에
> 흰 눈 쌓인 빈 뜰에 떨어지는 잎이 붉네.
> 여기에서 시시비비 논하려는가.
> 반 바퀴 추운 달이 서녘 봉에 걸렸네.
> 一揮霜刀斬春風　雪滿空庭落葉紅
> 這裡是非才辨了　半輪寒月枕西峰

여인이 선정에서 깨어나다[女子出定]

世尊昔因[1]文殊가 至諸佛集處나 値[2]諸佛各還本處라 惟有一女人
이 近彼佛坐入於三昧라 文殊乃白佛호대 云何女人得近佛坐닛고 而
我不得[3]이니다 佛告文殊호대 汝但覺此女하야 令從三昧起하야 汝自
問之하라 文殊遶女人三匝[4]하고 鳴指一下하며 乃托至梵天[5]하며 盡
其神力이나 而不能出[6]이라 世尊云호대 假使百千文殊라도 亦出此女
人定不得[7]이라 下方過一十二億河沙國土[8]에 有罔明菩薩[9]하니 能出
此女人定하리라 須臾罔明大士가 從地湧出하야 禮拜世尊이라 世尊
敕罔明하니 却至女人前하야 鳴指一下에 女人於是從定而出이라

---

1   세존석인(世尊昔因): 세존(부처)은 옛날(문수가 ~했기) 때문에(因). 그러나 여기선
    굳이 해석할 필요가 없다.
2   치(値): 만나다. 마주치다. 여기선 '~하는 중이다.'
3   아부득(我不得): 나는 (그렇게) 할 수가 없다.
4   요여인삼잡(遶女人三匝): 여인의 주위를 세 바퀴 돌다.
5   탁지범천(托至梵天): 범천(~, 天神)에게 부탁(寄託)하다.
6   불능출(不能出): 삼매(三昧)에서 깨어나게 할 수가 없다.
7   출~정부득(出~定不得): 삼매(~, 定)에서 깨어나게 할 수가 없다.
8   하사국토(河沙國土): 항하의 모래[恒河沙, 갠지스강의 모래]알과 같이 많은 세계.
9   망명보살(罔明菩薩): 무명보살(無明~), 제일 낮은 수준[最下位]에 있는 보살.

無門曰. 釋迦老子가 做者一場雜劇¹⁰하니 不通小小¹¹라 且道하라 文殊是七佛之師¹²어늘 因甚¹³出女人定不得고 罔明은 初地菩薩¹⁴이니 爲甚¹⁵却出得고 若向者裏에 見得親切¹⁶하면 業識忙忙이 那伽大定¹⁷이라

頌曰. 出得¹⁸出不得¹⁹이여 渠儂²⁰得自由라 神頭幷鬼面이여 敗闕²¹當風流라

【 번역 】

문수보살이 제불(諸佛)이 모인 곳에 이르렀으나 제불은 이미 각자의 처소로 돌아가는 중이었다. 그런데 한 여인이 석가모니 부처님 옆에서 선정(禪定, 三昧)에 든 채 앉아 있었다. (그래서) 문수는 부처님에게 물었다. "이 여인은 뭣 때문에 부처님 가까이 앉아 (삼매에 들어) 있습니까? 저는 그렇게 할 수가 없습니다."

---

10 일장잡극(一場雜劇): 한바탕의 잡극.
11 불통소소(不通小小): 부동소소(~同~). 작은 일이 아니다. 예삿일이 아니다.
12 칠불지사(七佛之師): 과거 칠불의 스승인 문수보살.
13 인심(因甚): 뭣 때문에.
14 초지보살(初地菩薩): 제일 낮은 수준에 있는 보살.
15 위심(爲甚): 뭣 때문에.
16 견득친절(見得親切): 분명히 알다. 분명히 깨닫다.
17 업식망망 나가대정(業識忙忙 那伽大定): 업식망망(~)→업식망망(~茫茫). 윤회의 상태. 나가(~, Naga, 龍). 나가대정(~): 대용삼매(大龍三昧), 부처님의 대삼매(大三昧), 즉 '생사' 윤회 자체가 그대로 불멸의 불삼매(佛三昧)인 경지.
18 출득(出得): 여인을 삼매(~, 定)에서 깨어나게[出得] 한 망명보살(罔明菩薩).
19 출부득(出不得): 여인을 삼매에서 깨어나게 하지 못한[出不得] 문수보살(文殊~).
20 거롱(渠儂): 문수보살과 망명보살.
21 패궐(敗闕): 실패, 패배.

부처님은 문수에게 말했다: "그대가 이 여인을 일깨워 삼매로부터 나오게 해서 그 이유를 스스로 물어보라."

문수는 여인 주위를 한 바퀴 돌고 손가락을 한 번 튕기며 (탄지를 하며) (마침내는) 범천(梵天)에게까지 부탁하는 등 갖은 신통력(초능력)을 발휘했지만 (이 여인을 삼매에서) 깨어나게 할 수가 없었다. 부처님은 (문수에게) 말했다:

"설령 백명 천명의 문수라도 이 여인을 삼매에서 깨어나게 할 수가 없다. 저 하방(下方)의 12억 항하(갠지스강)의 모래와 같이 많은 나라를 지나가서 망명(罔明)보살이 있으니 (그가) 능히 이 여인을 삼매에서 깨어나게 할 수가 있다."

잠시 후에 망명보살이 땅으로부터 솟아올라 세존(世尊, 부처님)에게 절을 했다. 세존이 망명에게 명령하자 (망명은) 이 여인 앞에 가서 한 번 탄지를 했다. (그 순간) 여인은 삼매에서 깨어났다.

무문이 말했다:

"석가노자(釋迦老子, 부처님)가 이 한바탕의 잡극(雜劇)을 연출하니 (이것은) 예삿일이 아니다. 자, 일러 보라. 문수는 칠불(七佛)의 스승이거늘 무엇 때문에 (이) 여인을 삼매에서 깨어나게 할 수 없었는가? 망명은 초짜[初地]보살인데 뭣 때문에 (이 여인을 삼매에서) 깨어나게 했는가? 만일 여기서 분명하게 깨닫는다면 업식(業識)이 끝없는 이 삶 그대로가 부처의 삼매(깨달음)가 된다."

송왈(頌曰)

깨어나게 하고 깨어나게 하지 못함이여,
문수도 망명도 모두 자유자재네.
신두(神頭)와 귀면(鬼面)이여,
패배 또한 풍류 한마당이네.

【 해설 】

본칙 공안은 『제불요집경(諸佛要集經)』의 장편 드라마를 약간 변형시키고 단막극으로 압축해서 공안화한 것이다. 그러므로 그 내용이 사실적이기보다는 상징적인 우화의 성격을 띠고 있다. 이 점을 염두에 두고 본칙을 탐색해야 한다. 본칙 공안의 내용은 다음과 같다.

- 어느 때 시방삼세의 모든 부처님들이 한 자리에 모였다. 문수보살은 이 모임에 참석하기 위하여 왔지만 그러나 부처님들은 이미 각자의 세계로 돌아가는 중이었다. 그런데 석가모니 부처님 곁에서 한 여인이 깊은 선정에 든 채 앉아 있었다.

- 본칙 공안은 여기서부터 시작된다. 문수보살은 여인이 선정에 든 채 부처님 곁에 앉아 있는 것을 이해할 수가 없었다. 지혜의 제1인자라는 자신조차 그렇게 할 수가 없는데 이게 어찌 된 일인가. 그때 부처님은 문수보살에게 말했다. "문수여, 그대가 이 여인을 선정에서 깨워서 직접 물어보라."

문수보살은 자신의 초능력[神通力]을 모두 발휘해서 이 여인을 선정에서 깨어나게 해봤지만 불가능했다. 그런데 망명(罔明, 無明)이라는 신출내기 보살이 나타나 이 여인을 선정에서 깨어나게 했다.

자, 그럼 본칙 공안의 탐색에 들어가 보자.

문수는 왜 이 여인을 선정에서 깨어나게 할 수 없었는가? '나는 지혜의 제1인자'라는 이 자만심이 앞을 가로막고 있었기 때문이다. 그렇다면 신출내기 망명(罔明, 無明)은 어떻게 이 여인을 선정에서 깨어나게 했는가? 망명에게는 아무런 선입견이 없었기 때문이다. 지혜(문수보살)가 이 삶 속에서 역동적으로 굽이치려면 반드시 무명번뇌(망명보살)의 도움을 받아야 한다. 왜냐면 무명번뇌는 지혜의 연꽃이 피는 진흙 구덩이기 때문이다. 그래서 "번뇌를 끊지 않고 열반을 증득한다(不斷煩惱 卽得涅槃)."는 말이 있게 된 것이다. 본칙 공안 속에는 이와 같은 상징적인 의미가 숨어 있다. 무문은 본칙 공안의 평에서 "석가노자(석가모니 부처님)가 이 한 바탕의 잡극(雜劇)을 연출했다."고 말했다. 이 잡극 속에는 부처님, 여인, 문수보살, 망명보살 이렇게 네 사람이 등장한다. 이 가운데 주연은 단연 여인이다. 그리고 문수보살과 망명보살은 조연이요, 부처님은 일종의 해설자인 셈이다.

"본칙 공안을 꿰뚫는다면 번뇌 망상으로 들끓는 이 삶 이대로가 깨달음화(化) 한다."고 무문은 말했는데 이는 무슨 뜻인가. 참으로 깨달은 자라면 손짓 하나 발짓 하나가 모두 깨달음의 표현이어야 한다는 뜻이다. 이렇게 되지 않으면 그건 진정한 깨달음이 아니다. 깨달음의 백척간두에서 한 걸음 더 나아가 이 삶 속으로 굽이쳐야 한다(百尺竿頭進一步 十方世界現全身).

무명번뇌는 불성이요,

덧없는 이 육신은 저 불멸의 법신이네.

無明實性卽佛性 幻化空身卽法身　　　　　　　　- 〈證道歌〉

　본칙 송의 제1구·제2구에서 무문은 "문수(지혜)와 망명(무명번뇌)은 이 잡극(본칙 공안)에서 일시적인 배역을 맡은 배우"라고 읊고 있다.

　즉 문수의 배역과 망명의 배역을 끼워 넣음으로써 본칙 공안의 전개가 아주 드라마틱해졌다는 것이다. 제3구의 신두(神頭)는 '신의 얼굴로 분장을 한 가면'이요, 귀면(鬼面)은 '귀신 얼굴로 분장한 가면'을 말한다. 제4구에서는 "이 잡극에서의 패배는 이 또한 그저 신나는 한바탕의 연극일 뿐이라"고 읊고 있다. 이 삶을 무대로 펼쳐지고 있는 유희삼매(遊戱三昧, 스포츠 게임)라고 말하고 있다.

　여기 본칙 공안을 꿰뚫은 사람의 심정을, 이 벅찬 감동을 함께 나눌 지음인(知音人)이 없는 외로움을 읊은 중봉명본(中峰明本)의 시가 있다.

　　꽃은 은상에 지고 봄은 무르익어가고

　　달은 금장막에 잠기며 밤은 깊어만 가네.

　　허당(虛堂)은 적막한데 이 심정 함께 나눌 사람이 없어

　　전단향 한 가지를 잡고 마음을 다해 사루네.

　　花落銀牀春爛熳　月沈金帳夜迢遙

　　虛堂寂寞無人共　祗把檀香盡意燒

제43칙 —● ○

수산의 죽비[首山¹竹篦²]

首山和尙이 拈竹篦示衆云호대 汝等諸人이 若喚作竹篦則觸³하
고 不喚作竹篦則背⁴하리니 汝諸人은 且道하라 喚作甚麼오

無門曰. 喚作竹篦則觸하고 不喚作竹篦則背니 不得有語요 不得
無語라 速道速道하라

頌曰. 拈起竹篦여 行殺活令⁵이라 背觸交馳⁶하니 佛祖乞命⁷이라

---

1   수산(首山): 수산성념(~省念, 929~993). 염고(拈古)의 창시자인 분양선소(汾陽善
    昭)의 스승

2   죽비(竹篦): 좌선 시 시작[入定]과 끝[出定]을 알리기 위하여 치는 타구(打具). 대나
    무로 만든다

3   촉(觸): (언어문자에) 걸리다.

4   배(背): (언어문자를) 등지다.

5   살활령(殺活令): 죽이고 살리는 법령.

6   교치(交馳): 왕래가 끊이지 않다.

7   걸명(乞命): '목숨만 살려달라'고 애원하다.

【 번역 】

수산(首山) 화상이 죽비(竹篦)를 잡고 대중에게 말했다:

"그대들이 '죽비'라고 부르면 (언어문자에) 걸리고(觸), '죽비'라고 부르지 않으면(언어문자를) 등지는(背) 것이다. 그대들은 자, 일러보라. (이것을) 무엇이라고 부르겠는가."

무문이 말했다:

"'죽비'라고 하면 언어문자에 걸리고 '죽비'라고 하지 않으면 언어문자를 등지나니 언어로도 안 되고 침묵으로도 안 된다. 어서 빨리 일러보라."

송왈(頌曰)

죽비를 집어들고
살활의 법령[殺活令]을 행하네.
등짐과 걸림[背觸]이 엇갈리나니
불조(佛祖)도 목숨을 구걸하네.

【 해설 】

본칙 공안은 너무나 투명하여 속이 훤히 들여다보인다. 그러나 이렇게 투명하기 때문에 오히려 그 핵심을 간파하기가 어려운 것이다. 그래서 무문은 이렇게 평하고 있다. "언어를 사용하면 문자에 걸리고 침묵을 지키면 말을 등지게 된다. 말과 침묵, 이 둘에 걸리지 않고 어떻게 응답할 수 있겠는가?"

답은 의외로 간단하지만, 그러나 분명한 체험이 있음으로써만 이건 가능하다. 본칙 송의 제1구·제2에서 무문은 죽비를 잡고 파주와 방행[殺活令]을 마음대로 구사하고 있는 수산의 전략을 읊고 있다.

제3구·제4구에서는 불조(佛祖)마저 나가떨어지고 마는 수산의 번개 작전을 극찬하고 있다.

여기 서릿발 같은 본칙 공안의 직관력을 무용전(無用全)은 이렇게 읊고 있다.

검은 옻칠의 죽비를 집어드니
빠른 우렛소리에 귀 막을 겨를도 없네.
덕산과 임제도 망연자실하거니
무지한 자가 어찌 대적할 수 있겠는가.
黑漆竹篦握起　迅雷不及掩耳
德山臨濟茫然　懵底如何揷嘴

파초의 주장자[芭蕉¹拄杖]

芭蕉和尙示衆云호대 爾有拄杖子면 我與爾拄杖子요 爾無拄杖子면 我奪爾拄杖子하리라

無門曰. 扶過斷橋水²하고 伴歸無月村³이라 若喚作拄杖이면 入地獄如箭⁴하리라

頌曰. 諸方深與淺은 都在掌握中이라 撑天幷拄地하며 隨處振宗風⁵이라

【 번역 】

파초(芭蕉) 화상이 대중들에게 말했다:

"그대에게 주장자가 있으면 나는 그대에게 주장자를 줄 것이다. (그러

---

1 파초(芭蕉): 파초혜청(~慧淸, 9세기경?). 위앙종의 제4대 법손(法孫). 신라사람, 파초산에서 법(法)을 펴다가 입멸했다.
2 단교수(斷橋水): 다리가 끊어진 개울.
3 무월촌(無月村): 달이 없는 어두운 마을.
4 여전(如箭): 쏜 화살처럼(쏜살같이) 빠르다.
5 종풍(宗風): 선풍(禪風).

나) 그대에게 주장자가 없다면 나는 그대의 주장자를 빼앗을 것이다."

무문이 말했다:

"주장자를 짚고 다리가 끊어진 강을 건너며 주장자와 함께 달이 없는 어두운 마을로 돌아온다. 그러나 (그대) 만일 (이것을 단순한) 주장자라 부른다면 쏜 화살같이 지옥으로 들어갈 것이다."

송왈(頌曰)

저 모든 조사들의 깊고 옅음은
모두 주장자를 가진 이 손 안에 있네.
하늘을 떠받치고 땅을 짚으면서
가는 곳마다 종풍(宗風)을 드날리네.

【 해설 】

본칙 공안의 창시자 파초혜청(芭蕉慧淸)은 우리나라 신라 스님이다. 28세 때 중국 앙산(仰山)으로 들어가서 남탑광용(南塔光湧)을 만나 상당법문(上堂法門)을 듣다가 깨달음을 얻었다. 여기서 5년 동안 머물다가 호북의 영주(郢州) 파초산(芭蕉山)으로 가서 제자들을 가르치다가 입적했다. 그래서 우리나라에는 별로 알려지지 않았던 것 같다. 파초혜청에게는 이 공안 외에도 4개의 공안이 더 있다. 본칙에서 파초는 말하길 "주장자가 있으면 주장자를 주겠다."라고 했는데 이게 무슨 소린가. 여기서의 주장자는 깨달음[悟]의 상징으로 보면 된다. 즉 주장자(悟)가 있으면 한 차원 더 높은 주장자[悟]를 줘서 그 낮은 주장자(悟)를 절단해 버린다는 뜻이다. 연이어 파초는 말하길 '주장자가 없으면 주장자를 뺏는다."고 했는데 이게 무슨 소린가. 주장자(悟)가 없다면 (迷했다면) 그 없음의 주장자[迷]마저 빼앗아 마침내는 깨달음의 세계로 들어가도록 해 주겠다는 뜻이다. 즉 깨달은 사람에겐 더 높은 깨달음을 체험하게 해서 마침내는 깨달음의 차원마저 초월하게 할 것이며 아직 깨닫지 못한(迷한) 사람에게는 그 깨닫지 못함(迷함)을 빼앗아 깨달음의 세계로 들어가게 하겠다는 뜻이다.

무문은 본칙 공안의 평에서 "이것을 단순한 주장자로 이해한다면 쏜 화살같이 지옥으로 들어갈 것이다."라고 했다. 그렇다면 '이것을 단순한 주장자'라고 부르지 않는다면 어찌 되겠는가…. 이 역시 지옥감이다. 자, 그럼 어찌해야 한단 말인가. 본칙 송에서 무문은 가는 곳마다 걸림 없고 당당한 주장자의 기상을 읊고 있다. 이처럼 파초의 주장자는 그저 단순한 주장자가 아니므로 그 변화무쌍하기가 이를 데 없다. 그렇기에 허당지우(虛堂智愚)는 이렇게 읊고 있다.

그대에게 (주장자가) 있으면 지금 당장 줄 것이요,
저에게 (주장자가) 없다면 등 뒤에서 빼앗을 것이다.
느닷없이 한밤중에 용이 되어 승천하니
검은 비 먹구름과 땅을 찢는 우렛소리네.
你有更須當面與　渠無背後奪將來
驀然夜半化龍去　黑雨烏雲裂地雷

그는 누구인가[他是阿誰]

東山演師祖[1]曰, 釋迦彌勒도 猶是他[2]奴니 且道하라 他是阿誰[3]오

無門曰. 若也見得他分曉[4]하면 譬如十字街頭撞見[5]親爺[6]相似[7]하
야 更不須問別人道[8]是與不是라

頌曰. 他弓莫挽[9]하고 他馬莫騎하며 他非莫辨하고 他事莫知하라

【 번역 】

동산연사조(東山演師祖, 오조법연)가 말했다:

---

1 동산연사조(東山演師祖): 오조법연(五祖法演). 제35칙 참조.
2 타(他): 그(彼). 여기선 '본래면목, 본성'을 뜻함.
3 아수(阿誰): 누구인가. '아(阿)'→접두사.
4 타분효(他分曉): 저(본래면목, 본성)를 분명히 알다.
5 당견(撞見): 마주치다.
6 친야(親爺): 친아버지.
7 여~상사(如~相似): ~와 같다.
8 문~도(問~道): 문도(~). ~을 묻다. 도(道).
9 만(挽): 활을 당기다(挽弓).

"석가와 미륵도 그(본래면목)의 노예거니 자, 일러보라. 그는 도대체 누구인가?"

무문이 말했다:

"만일 그 (본래면목)를 분명히 안다면 시장바닥 네거리에서 아버지와 마주친 것과 같아서 다른 사람에게 (이분이 나의 아버지가) 맞는지 맞지 않는지를 물어볼 필요가 없다."

송왈(頌曰)

남의 활은 당기지 말고
남의 말(馬)은 타지 말며
남의 잘못은 말하지 말고
남의 일은 굳이 알려 하지 말라.

【 해설 】

저 거룩하신 석가모니부처님과 미래에 오실 미륵불을 마치 노예처럼 부려먹는 그는 누구인가. 도대체 그가 누구이길래 이 세상의 모든 성인을 비서처럼 부려먹고 있는가.

그는 하나인가. 여럿인가.

그는 하나인데 여럿처럼 분화되어 보이는가.

그 속에 내가 있고 '나' 속에 그가 있는가.

이 세상의 뭇 생명체 속에

그는 깃들어 있는가, 아니면 이 모든 생명체가

그의 바다에서 일었다 사라지는 파도란 말인가.

말하라, 바람이여,

내 어린 날을 휩쓸고 지나가는 바람이여,

그날 그 노송천궁(老松天宮)에서 불어오는 바람이여,

응답하라.

그가 도대체 누구이길래

이 우주 전체의 생성과 소멸을 주재한단 말인가.

무문의 본칙 공안 송은 '그'에 대한 확실한 체험을 강조한 것이다. '남의 활은 당기지 말라'는 송의 제1구는 남의 지혜를 마치 자신의 것인 양 훔쳐다 쓰지 말라는 말이다. '남의 말은 타지 말라'는 제2구는 남의 행동을 자신의 것인 양 흉내 내지 말라는 말이다. 즉, 깨달은 도인 흉내를 내지 말라는 말이다.

본칙 공안의 입장을 좀 더 강조하여 야우평(野牛平)은 이렇게 읊고 있다.

석가와 미륵도 그의 노예거니

고금의 수행자들이여, 이 도리를 알겠는가.

좋은 술조차 마음에 담아두지 않거니

어찌 식초를 호리병에 넣어 걸어두리.

釋迦彌勒是他奴　古今禪流知也無

好酒不須懸望子　醋酸何必掛葫盧

'그'를 체험한 사람의 청빈한 삶을 취하영(翠霞寧)은 또 이렇게 노래하고 있다.

외로운 봉우리에 누워 이 몸마저 잊었거니
정치 권력 따위에 어찌 마음을 두겠는가.
스스로에겐 한 쌍의 청백안(靑白眼)이 있으니
존경과 경멸에는 전혀 관심이 없네.
孤峰高臥且忘身　那管親王與重臣
自有一雙靑白眼　未曾輕視等閑人

백척간두에서 한 걸음 더 나가라[竿頭進步]

石霜[1]和尙云호대 百尺竿頭[2]如何進步오 又古德[3]云호대 百尺竿頭 坐底人이여 雖然得入이나 未爲眞이라 百尺竿頭須進步니 十方世界 現全身이라

無門曰. 進得步 翻得身[4]하면 更嫌[5]何處[6]不稱尊[7]가 然雖如是나 且道하라 百尺竿頭如何進步오 嗄[8].

頌曰. 瞎却頂門眼[9]하고 錯認定盤星[10]이라 拚身[11]能捨命[12]이나 一 盲引衆盲이라

---

1   석상(石霜): 석상초원(~楚圓, 986~1039). 자명초원(慈明~). 분양선소의 법을 이었다.
2   백척간두(百尺竿頭): 백 척이나 되는 장대.
3   고덕(古德): 장사경잠(長沙景岑, ?~868). 남전보원의 법을 이었다.
4   번득신(翻得身): 번신(~). 몸을 내던지다. '득(得)'→어조사.
5   경혐(更嫌): 기혐(블~). 어찌 (왜)~을 의심하겠는가.
6   하처(何處): 어떤 곳에서든. 어떤 장소에서든.
7   불칭존(不稱尊): 성불하지 못하다(~成佛).
8   사(嗄): ①감탄사(아, 아) ②놀라는 소리(악!) ③혼내는 소리.
9   정문안(頂門眼): 제3의 눈. 지혜의 눈.
10 착인정반성(錯認定盤星): 저울의 눈금을 잘못 알다.
11 반신(拚身): 몸을 버리다. '반(拚)'→반(拌)의 속자.
12 반신사명(~捨命): 목숨을 버리다.

【 번역 】

석상(石霜) 화상이 말했다:

"백 척이나 되는 장대 끝에서 어떻게 하면 앞으로 나아갈 수 있겠는가?"

또 고덕(古德)이 말했다:

"백 척의 장대 끝에 앉아 있는 사람은 비록 '도'의 경지에 들어가긴 했으나 참(眞)이 아니네. 백 척 장대 끝에서 더 앞으로 나아가야 하나니 (그래야만 비로소) 시방세계에 전신을 나타낼 수 있네."

무문이 말했다:

"더 앞으로 나아가 그 몸을 이 모든 곳에 나타낼 수 있다면 (이제) 어디서든 '성불하지 못할까' 어찌 걱정하겠는가. 그러나 자, 일러보라. 백 척의 장대 끝에서 어떻게 앞으로 나아갈 수 있겠는가? 사(嗄!)"

송왈(頌曰)

지혜의 눈이 멀어
저울 눈금을 잘못 읽었네
(비록) 목숨을 돌보지 않으나
한 맹인이 맹인의 무리를 이끌고 가네.

【 해설 】

백 척이나 되는 장대 끝(百尺竿頭)이란 일종의 비유로써 '깨달음의 무아지경(無我之境)'을 말한다. 이 장대 끝에서 '앞으로 나아간다'는 것은 깨달음의 무아지경을 박차고 나온다는 뜻이다. 깨달음의 무아지경에 도취해 있는 것은 완벽한 깨달음이 아니다. 여기서 박차고 일어나 번뇌 망상의 잡초 속으로 다시 돌아와야만 깨달음은 완성된다. 이렇지 않고 깨달음이 단순한 깨달음으로만 끝난다면 그것은 아무 쓸모가 없다. 그렇기에 무문은 깨달음의 무아지경에서 박차고 나오는 방법으로 '사(嗄)'라는 단 한 글자를 내던지고 있다. 사(嗄)에는 감탄과 경악, 그리고 경책의 세 가지 뜻이 있다.

깨달음을 완성하기 위하여 번뇌 망상의 잡초(이 삶) 속으로 들어오는 것은 지긋지긋해서 떠난 고향으로 다시 돌아오는 감격의 순간이다. 그리고 이 잡초 속으로의 귀환이 깨달음의 완성이라니 이건 경악을 금치 못할 일이다. 또한 이 잡초 속으로의 귀환은 절대 탁상공론이 아닌 이 삶의 문제이기 때문에 함부로 발을 내디딜 수가 없는 것이다. 그래서 무문은 정신 바짝 차리라고 경책을 하고 있는 것이다.

동시에 이 '사(嗄)'라는 한 글자는 참으로 멋진 활구다. 깨달음이 살아 굽이치고 있는 무문식의 활구다. 그러므로 우리는 무문의 이 활구를 꿰뚫어야만 한다. 본칙 공안 송의 제1구·제2구에서 무문은 깨달음의 무아지경에 도취해서 더 이상 앞으로 나아가려 하지 않는 깨달음병 환자[向上死漢]를 나무라고 있다. 제3구·제4구는 제1구와 제2구의 뜻을 더욱 확장시킨 것이다. 목숨을 돌보지 않고 갖은 고행 끝에 깨달음의 무아지경[百尺竿頭]에 이르긴 했으나 이걸 깨달음의 완성이라고 우기며 여기 안주한다면 그건 결과적으로 자기 자신에게도 자기를 따르는 모든 사람에게도 잘못을 저지르는 것이다. 한 맹인[向上死漢]이 맹인의 무리를 이끌고 가듯 그 자신과 그를 따르는 사람들을 잘못된 길로 이끄는 것이다.

백척간두진일보(百尺竿頭進一步)의 경지. 즉 깨달음을 박차고 일어나 번뇌 망상의 잡초 속으로 다시 돌아오는 과정을 천기서(天奇瑞)는 이렇게 읊고 있다.

겨울이 안 갔으니 너무 기뻐하지 말라.
뼛속까지 마음까지 파고드는 늦추위가 남아 있다.
홀연히 꿈이 깨이는 춘삼월이면
산과 들에 온갖 꽃들 피어나리라.
未得經冬莫妄歡　須敎徹骨透心寒
忽然夢醒三春暖　萬紫千紅匝地看

도솔의 삼관[兜率三關]

兜率悦¹和尙이 設三關²問學者라 撥草參玄³은 只圖見性이니 卽今上人⁴性在甚處오 識得自性하면 方脫生死라 眼光落時⁵에 作麼生脫고 脫得生死면 便知去處니 四大分離에 向甚處去오

無門曰. 若能下得⁶此三轉語⁷면 便可以隨處作主요 遇緣卽宗⁸이라 其或未然인댄 麤餐易飽요 細嚼難飢라

頌曰. 一念普觀無量劫하니 無量劫事卽如今⁹이라 如今覷破¹⁰箇

---

1 도솔열(兜率悦): 도솔종열(~從~, 1044~1092). 북송의 임제종 선승. 제자에 무진거사 장상영(無盡居士 張商英, 1043~1121)이 있다.
2 삼관(三關): 수행의 깊이를 가늠해 보기 위하여 설치해 놓은 가상의 세관문. 그러나 여기서의 도솔삼관이란 '도솔열 선사가 수행자에게 던진 세 개의 물음'을 뜻한다.
3 발초참현(撥草參玄): 발초첨풍(~瞻風). 스승을 찾아 행각하는 것.
4 상인(上人): 수행자(승)에 대한 존칭.
5 안광락시(眼光落時): 안광락지시(~地~). 임종시.
6 하득(下得): 대답할 수 있다. '득(得)'→어조사.
7 삼전어(三轉語): 깨달음의 계기가 될 수 있는 세 개의 말.
8 우연즉종(遇緣卽宗): 어떤 인연과 환경을 만나더라도 불법(佛法, 불교)의 근본정신(宗者)에 어긋나지 않다.
9 여금(如今): 지금(只今) 여기.
10 처파(覷破): 꿰뚫어 알다.

一念하면 覷破如今覷底人이라

【 번역 】

도솔종열(兜率從悅) 화상은 (다음과 같은) 세 개의 관문(三關)을 만들어 놓고 수행자들에게 물었다:

"스승을 찾아 행각하는 것은 견성(見性)하고자 하는 것이니 지금 상인(上人)의 본성은 어디 있는가?(제1관)

본성을 깨달으면 비로소 생사를 벗어난다. (그렇다면) 임종 시에 어떻게 생사를 벗어날 수 있겠는가?(제2관)

생사를 벗어나면 가는 곳을 알 것이니 사대가 흩어질 때 어느 곳으로 가는가?(제3관)."

무문이 말했다:

"만일 이 세 개의 물음[三轉語, 三關]에 대답할 수 있다면 가는 곳마다 주체적이 될 것이며 어떤 인연과 환경을 만나더라도 모두 (佛法의) 근본정신에 어긋나지 않을 것이다. 그러나 그렇지 못하면(대답을 할 수가 없다면) 거친 음식은 쉽게 배부르지만(쉽게 배불렀다 이내 배고프지만) 그러나 잘 씹어먹으면 더 이상 배고프지 않다(자세히 참구하면 부동의 경지에 이른다)."

송왈(頌曰)

일념(一念)으로 무량겁을 관하노니

무량겁의 일은 곧 '지금'이네.
'지금'의 이 일념을 간파한다면
지금 그것을 간파하고 있는 '그 사람'을 간파할 수 있네.

【 해설 】

본칙 공안은 도솔종열(兜率從悅)이 수행자들에게 던진 세 개의 물음이다. 도솔종열은 젊은 나이에 입적했으나 이 도솔삼관으로 당대를 주름잡던 선승이다. 이 도솔삼관은 수행자들뿐만 아니라 인간이면 누구나 한 번쯤은 품어보는 의문이지만 그러나 막상 명쾌한 대답은 어디서도 들을 수 없다.

첫 번째 물음(第一關): "지금 그대의 본성은 어디 있는가(卽今上人性在甚處)?"

나의 본성은 어디 있는가
몸 안에 있는가 몸 밖에 있는가
눈에 있는가 귀에 있는가 코에 있는가
혀에 있는가 몸의 촉감에 있는가
아니면 있기도 하고 없기도 한가
여기 분명히 있긴 있는데
막상 찾아보면 흔적조차 없는 것
이것이 나의 본성이란 말인가
다만 이 산중에 있긴 있는데(只在此山中)

구름 깊어 있는 곳을 알 수가 없네(雲深不知處)

두 번째 물음(第二關): 임종 시에 어떻게 생사(에 대한 집착)를 벗어날 수 있겠는가(眼光落時作麼生脫)?

모든 생명체는 삶을 좋아하고 죽음을 두려워한다. 그래서 "쇠똥 밭에 굴러도 이승이 좋다."는 속담이 있게 된 것이다. 이 두 번째 물음에 대한 명쾌한 대답을 우리는 도겐(道元, 일본 조동종의 창시자)으로부터 들을 수 있다. '삶은 삶에 맡기고 죽음은 죽음에 맡긴다.'

세 번째 물음(第三關): 죽으면 어디로 가는가(四大分離 向甚處去).

죽으면 어디로 가는가?
빛으로 가득 찬 곳으로 가는가 어둠 속을 헤매이는가
아니면 빛도 어둠도 아닌 중음(中陰)의 세계를 떠도는가
그도 아니면 가지도 않고 오지도 않는가
앞을 봐도 뒤를 봐도
도무지 알 수 없는 이 수수께끼여.

무문은 평에서 이 도솔삼관을 진지하고 자세하게 참구해야 한다는 걸 무척 강조하고 있다. 왜냐면 이 도솔삼관은 너무나 자명한 물음이기 때문에 사람들은 오히려 수박 겉핥기로 넘어가 버리고 말기 때문이다.

무문의 본칙 공안송은 심오하기 이를 데 없다. 송의 제1구에서는 첫 번째 물음[第一關]에 대한 대답, 즉 본성을 깨달은 경지[見性]를 읊고 있다.

"일념(一念)으로 무량겁(영원불멸)을 관(觀)한다."는 것은 지금 나의 이 일념 속에서 무한한 시공(時空)을 체험하는 것[華嚴經]이다. 나는 지금 무한한 시간과 공간이 서로 교차하고 있는 지점에 있다. 그러므로 나는 순간적이며 동시에 무한하고 생멸적이며 동시에 불멸적이다. 나는 이 우주와 연결되어 있고 우주는 나와 연결되어 있다.

나는 누구인가. 나는 이 모든 생명체이며 동시에 한국 사람 아무개다. 송의 제2구·제3구는 두 번째 물음[第二關]에 대한 대답이다. 견성의 상태[一念]에서 박차고 일어서는 것. 즉 생사에 대한 속박으로부터의 해탈을 읊고 있다. "무량겁(영원불멸)의 일은 곧 지금이네."라는 말은 무슨 뜻인가. 견성을 한 입장에서 본다면 무한한 시공(時空)은 지금 나의 이 일념을 떠나지 않았다는 뜻이다. 그러므로 무한한 시간(무량겁)의 일은 지금 여기 이 일념(一念)이다.

제3구 "지금의 이 일념을 간파한다."는 것은 즉 일념(견성의 상태)에서 박차고 나온다는 뜻이다. 견성의 입장(제1구)만을 고수한다면 아직 견성에 대한 집착[法執]이 남아 있기 때문에 이것이 되레 생사윤회의 원인이 된다. 그러므로 이 견성의 경지[一念]를 자세히 관찰(간파)한 다음 에서 박차고 일어서야 한다. 송의 제4구는 세 번째 물음[第三關]에 대한 무문식의 대답이다. 본성을 깨닫고[見性] 난 다음 에서 박차고 일어나면 이 일념[見性]을 관찰하고 있는 자기 자신을 알 수가 있다. 그렇다면 죽은 후에 나는 어디로 가는가.

선시로 보는 무문관

무문은 "가긴 어디로 간단 말인가. 가지도 않고 오지도 않고 머물지도 않는다(不去 不來 不住). 그렇다면 도대체 어떻게 된단 말인가?"라고 말하였다. 우리 모두는 스스로에게 자문해 봐야 한다. 이것이 본칙 공안이 우리에게 던지는 마지막 질문이다.

제48칙 —● ○

열반으로 가는 길[乾峯¹一路]

乾峰和尙因僧問호대 十方²薄伽梵³이 一路涅槃⁴門이라하니 未審⁵路頭在甚麼處오 峰拈起拄杖하야 劃一劃云호대 在者裏⁶니라 後僧請益⁷雲門⁸하니 門拈起扇子⁹云호대 扇子蹺跳上¹⁰三十三天¹¹하야 築着¹²帝釋¹³鼻孔하고 東海鯉魚¹⁴打一棒하니 雨似盆傾¹⁵이라

---

1   건봉(乾峯): 월주건봉(越州~). 동산양개(洞山良价, 807~869)의 법을 이었다. 생몰연대 미상.

2   시방바가범(十方~): 시방제불(~諸佛).

3   바가범(薄伽梵, Bhagavat): 세존(世尊). 부처님(佛).

4   열반(涅槃, Nirvana): 번뇌의 불길이 꺼진 의식 차원.

5   미심(未審): 도대체 ~인가.

6   재자리(在者裏): 재자리(~這~). 여기 있다.

7   청익(請益): 재차 가르침을 청하는 것.

8   운문(雲門): 운문문언(~文偃). 제15칙 참조.

9   선자(扇子): 부채.

10   발도상(蹺跳上): (~으로) 뛰어 올라가다.

11   삼십삼천(三十三天): 인도 신화에 나오는 수미산 정상에 있다는 천계(天界, 帝釋天). 이 천계는 사방에 8개의 천계와 중앙에 한 개의 중심 천계(中心~)로 되어 있다고 한다(4×8+1=33天).

12   축착(築着): 찌르다. 때리다.

13   제석(帝釋): 제석천의 우두머리 신(神)인 제석천왕(~天王).

14   이어(鯉魚): 잉어.

無門曰. 一人은 向深深海底行하야 簸土揚塵[16]이요 一人은 於高高山頂立하야 白浪滔天[17]이라 把定放行에 各出一隻手하야 扶豎[18] 宗乘[19]이라 大似兩箇馳子[20]가 相撞着[21]하니 世上應無直底人[22]이라 正眼觀來에 二大老가 總未識路頭在[23]라

頌曰. 未舉步時先已到요 未動舌時先說了라 直饒[24]着着[25]在機先[26]이라도 更須知有向上竅[27]라

【 번역 】

건봉(乾峯) 화상에게 (어떤) 승려가 물었다:

"시방제불이 모두 한길(같은 길)로 열반의 문에 들어갔다고 하는데 그 한 길은 도대체 어디 있습니까?"

건봉은 주장자를 세워 한 획을 그으며 말했다.

"재자리(在者裏, 여기 있다)."

---

15 우사분경(雨似盆傾): 비가 물동이로 퍼붓듯이 오다.
16 파토양진(簸土揚塵): 흙먼지를 일으키다.
17 백랑도천(白浪滔天): 하늘까지 넘칠 정도로 흰 물결을 일으키다.
18 부수(扶豎): (선을 가르침은) 굳게 지켜가다. (선의 가르침을) 드날리다.
19 종승(宗乘): 선종의 가르침.
20 타자(馳子): 낙타. 타(馳)는 타(駝)와 같은 글자임.
21 상당착(相撞着): 정면으로 충돌하다.
22 직저인(直底人): 정면에서 대항할 수 있는 사람. '저(底)'→지(抵, 抵對, 대항하다).
23 미식로두재(未識路頭在): (열반의) 길(路頭)이 있다는 것(在)을 모르다(未識).
24 직요(直饒): 비록 ～라 하더라도.
25 착착(着着): (바둑의) 한 수, 한 수. 한 걸음 한 걸음(一步一步).
26 재기선(在機先): 기선을 제압하다.
27 향상규(向上竅): 더 높은 최후의 관문. 향상일사(～一事).

그 후 이 승려는 운문에게 재차 이를 물었다. 그러자 운문은 부채를 들어 보이며 말했다:

"이 부채가 33천으로 뛰어올라가 제석천신(帝釋天神)의 콧구멍을 찌른다. (그런 다음) 저 동해바다의 잉어를 한 대 때리면 비가 동이로 퍼붓듯 올 것이다."

무문이 말했다:

한 사람은 깊고 깊은 바다 밑으로 가며 흙먼지를 일으키고, 또 한 사람은 높고 높은 산 위에 서서 하늘에 닿을 듯 하얀 파도를 일으키고 있다. (이처럼) 각자가 파주(把住)와 방행(放行)의 전략을 펼치며 선의 가르침[宗乘]을 드날리고 있다. 이것은 마치 두 마리의 낙타가 맞부딪친 것과 같나니 (여기) 정면에서 대항할 수 있는 사람은 이 세상에 없을 것이다. 그러나 올바른 안목[正眼]으로 본다면 이 두 어르신은 진정한 (열반의) 길을 알지 못했다고 할 수 있다."

송왈(頌日)

발걸음을 내딛기 전에 이미 도달했고
말하기 전에 먼저 다 말해 버렸네.
비록 한 수 한 수마다 (상대의) 기선(機先)을 제압한다 해도
다시 더 높은 최후의 관문이 있다는 걸 알아야 하네.

선시로 보는 무문관

【 해설 】

열반으로 가는 길, 즉 깨달음의 길을 묻자 건봉은 주장자로 한 획을 그으며 '재자리(在這裡, 여기 있다)'라고 말했는데 이것은 파주의 극한에서 활구를 펼치고 있는 것이다. 그래서 무문은 본칙 공안의 평에서 이렇게 말했다. "한 사람(건봉)은 깊고 깊은 바다 밑으로 가며 흙먼지를 일으키고 있다."

그 후 이 승려(건봉에게 질문을 했던 승)는 운문을 찾아가 재차 이를 물었는데 운문은 엉뚱한 대답을 하여 사람을 어리둥절하게 만들고 있다. 무문은 운문의 이 어리둥절식 활구 전개를 평하여 "또 한 사람(운문)은 높고 높은 산 위에서 하늘에 닿을 듯 하얀 파도를 일으키고 있다."고 말했다.

운문은 지금 방행의 입장에서 거침없이 자신의 활구를 이런 식으로 펼쳐 보이고 있는 것이다. 건봉의 파주식 활구와 운문의 방행식 활구가 맞부딪치는 것은 "마치 두 마리의 낙타가 맞부딪친 것과 같나니 (여기) 정면에서 대항할 수 있는 사람은 없다."고 무문은 말하고 있다. 그런 다음 건봉과 운문을 싸잡아서 내동댕이치고 있다. "아직 진정한 깨달음의 길을 알지 못했다."고 깎아내리고 있다. 그러나 이는 반어적인 칭찬의 말로 봐야 한다.

본칙송의 제1구 '발걸음을 내딛기 전에 이미 도달했다'는 것은 건봉의 입장을 말한다. 발걸음을 내딛기 전, 즉 어떤 생각도 일어나기 전에 열반의 경지에 도달한 건봉의 파주식 활구를 말한다.

제2구는 방행의 입장에서 어리둥절식 활구를 전개시킨 운문의 입장을 읊은 것이다. 제3구와 제4구는 이 두 어르신의 입장을 한 차원 더 넘어가야 한다는 경책의 말이다. 그러나 이 역시 무문식의 반어적인 표현으로 봐야 한다. 두 어르신의 전술 전략을 극찬한 대목으로 이해해야 한다. 그러나 파주의 입장에서 펼치고 있는 건봉의 주장자 활구를 대위수(大爲秀)는 전혀 다른 시각으로 보고 있다. 이 승려의 질문에 건봉은 그만 혼비백산해 버린 것으로 보고 있다. 그런 다음 "건봉의 잘못이 어디에 있느냐?"고 우리를 향해 창끝을 겨누고 있다.

"고금의 수행자들은 말하길 '건봉은 조사당에 앉아 뒷사람들에게 길을 열어 보였다'고 한다. 그러나 이 승려의 질문에 (건봉은 그만) 혼비백산해 버렸다는 사실을 전혀 모르고 있다. 그렇다면 자, 일러보라.

'잘못이 어디 있는가.' (대위수는) 잠시 있다가 이렇게 말했다.

(그 잘못은) 물에도 있지 않고 산에도 있지 않고 오직 인심(人心)이 오가는 그 사이에 있다.

(今古盡道 乾峰安居祖師之堂 開後人之經路 殊不知 被者僧一問 直得手忙脚亂 且道誵譌在甚處 良久云 不在水兮不在山 祇在人心反覆間)."

후서(後序)

從上佛祖[1]의 垂示機緣[2]은 據款結案[3]이니 初無剩語[4]라 揭翻腦蓋하고 露出眼睛[5]하야 肯要諸人直下承當하고 不從他覓이라 若是通方上士라면 纔聞擧着에 便知落處라 了無門戶可入이요 亦無階級可升이니 掉臂度關에 不問關吏라 豈不見玄沙道호대 無門이 解脫之門이요 無意가 道人之意라 又白雲[6]道明明[7]知道[8] 只是者箇나 為甚麼透不過오 恁麼說話도 也是赤土搽牛嬭[9]라 若透得無門關하면 早是鈍置[10]無門이며 若透不得無門關하면 亦乃辜負[11]自己라 所謂涅槃心易

---

1   종상불조(從上佛祖): 『무문관』48칙에 나오는 부처와 조사들.
2   수시기연(垂示機緣): 말(언어)과 행동.
3   거관결안(據款結案): 죄인의 진술(款)에 근거해서 판결문(案)을 작성하다. 여기서는 '불조의 혜안으로 수행자들을 깨우쳐 주다'의 뜻.
4   초무잉어(初無剩語): 『무문관』48칙에는 불필요한 말이 전혀 없다.
5   게번뇌개 노출안정(揭翻腦蓋 露出眼睛): 두개골을 쪼개고 눈동자를 끄집어내다. 즉 불법에 대한 안목을 밝히다.
6   백운(白雲): 백운수단(~守端)선사.
7   명명(明明): 분명히.
8   지도(知道): 알다. '도(道)'→어조사.
9   적토차우내(赤土搽牛嬭): 황토에 우유(우내)를 섞다. 쓸데없는 짓을 하다.
10   둔치(鈍置): 바보 취급하다.
11   고부(辜負): 배반하다.

曉나 差別智難明이라 明得差別智하면 家國自安寧하리라 時紹定改
元¹²解制前五日에 楊岐¹³八世孫無門比丘慧開는 謹識¹⁴하노라

無門關終

【 번역 】

『무문관』 48칙에 나오는 부처와 조사들의 말(언어)과 행동은 수행
자들을 깨우쳐 주기 위한 방편이니 (여기) 불필요한 말은 단 한마디도
없다. 불법(佛法)에 대한 안목을 밝혀서 여러분이 지금 바로 이를 알아
서 다른 곳(밖)에서 찾아 헤매지 않기를 바랄 뿐이다. 만일 눈 밝은 수
행자라면 내 말을 듣는 즉시 그 말의 핵심(『무문관』 48칙의 핵심)을 알
아차릴 것이다. (수행을 해서) 들어갈 수 있는 문이 없으며 (수행을 통하
여) 올라갈 수 있는 단계마저 없다는 것을 알 것이니 활개를 펴고 관
문을 지나감에 문지기들이 더 이상 문제삼지 않을 것이다. 저 현사(玄
沙)도 이렇게 말하지 않았던가. "문이 없는 바로 그것이 해탈의 문이며
뜻이 없는 바로 그것이 도인의 뜻이다."

백운(白雲)은 또 (이렇게) 말했다. "바로 (이것)이라는 것을 분명히 알
면서도 왜 이 관문을 통과하지 못하는가."

이런 말도 (사실은) 쓸데없는 것이다. (그러나) 만일 (이『무문관』 48칙
을) 통과한다면 나, 무문을 발아래로 볼 것이며 통과하지 못한다면 자

---

12   소정개원(紹定改元):『무문관』이 초간(初刊)된 소정원년(1228).
13   양기(楊岐): 양기방회(~方會, 993~1046).
14   근지(謹識): 삼가 쓰다.

기 자신조차 배반하게 될 것이다. 그래서 "열반의 마음(깨달음)은 밝히기 쉽지만 차별을 알 수 있는 지혜는 밝히기 어렵다."고 한 것이다. (그러나) 이 차별지(差別智)에 밝다면 가정과 국가는 편안해질 것이다.

소정개원(紹定改元, 1228) 해제 5일 전에
양기팔세손(楊岐八世孫) 무문비구 혜개(無門比丘 慧開) 삼가 쓰다.

【 해설 】

무문의 이 후서 속에는 우리 후학들을 경책하고 격려해 주는 노파심이 있다. 이 『무문관』 48칙을 꿰뚫게 되면 안목이 열려 더 이상 자기 자신 밖에서 도(道)를 찾아 헤맬 필요가 없다고 무문은 말하고 있다. 그리하여 마침내는 무문 자신마저 밟고 넘어가라고 말하고 있는데, 에서 우리는 후학들을 향한 무문의 간절한 마음을 읽을 수가 있다. 정말 숙연해지는 순간이다.

"열반의 마음(깨달음)은 밝히기 쉽지만 차별을 알 수 있는 지혜는 밝히기 어렵다(涅槃心易曉 差別智難明)"는 것은 진정극문(眞淨克文)의 말이다. 이 말을 좀 더 쉽게 풀어본다면 이렇게 된다. 깨닫긴 어렵지 않지만 그 깨달은 바를 이 삶 속에서 활용하기는 쉽지 않다. 왜냐면 도(道→體)는 하나지만 그 현현(顯現, 道의 作用)은 천차만별이기 때문이다.

무문이 이 후서를 쓴 날이 해제 5일 전이라면 음력 7월 10일이 되는 셈이다. 그리고 무문은 송대 임제종 양기파의 시조인 양기방회(楊岐方會)의 8세법손(八世法孫)이다.

선잠(禪箴)[1]

循規守矩는 無繩自縛이요 縱橫無礙는 外道魔軍이요 存心澄寂은
默照邪禪[2]이요 恣意忘緣은 墮落深坑이요 惺惺不昧는
帶鎖擔枷[3]요 思善思惡은 地獄天堂이요 佛見[4]法見[5]은
二鐵圍山[6]이요 念起即覺은 弄精魂[7]漢이요 兀然習定[8]은
鬼家活計[9]니 進則迷理요 退則乖宗이라 不進不退는
有氣死人[10]이니 且道하라 如何履踐[11]고 努力今生須了却이니
莫教永劫受餘殃하라

---

1 선잠(禪箴): 선의 잠언(~言). 명심해야 할 선의 언어.
2 묵조사선(默照邪禪): 묵조선을 사선이라고 주장한 것은 대혜종고(大慧宗杲)인데
   무문은 대혜종고의 주장을 그대로 이어받고 있다.
3 대쇄담가(帶鎖擔枷): 목에 칼(옛날식 형틀)을 쓰고 있다.
4 불견(佛見): '부처'라는 생각과 견해.
5 법견(法見): '불법'이라는 생각과 견해.
6 철위산(鐵圍山): 철위산간 무간지옥.
7 농정혼(弄精魂): 기괴한 짓을 하다.
8 올연습정(兀然習定): 부동의 자세로 앉아서 선정삼매에 드는 것.
9 귀가활계(鬼家活計): 번뇌 망상을 일으키다.
10 유기사인(有氣死人): 아직 호흡은 남아 있지만 죽은 거나 다름없는 사람.
11 이천(履踐): (참선 수행을) 실천하다.

【 번역 】

정해진 규칙만을 지키는 것은

줄이 없는데 스스로가 얽매인 것이요,①

종횡으로 무애자재한 행동은

이교도요, 마군(魔軍)이며,②

마음을 맑은 물처럼 고요히 하는 것은

묵조사선(默照邪禪)이요,③

마음 내키는 대로 행동하는 것은

암흑의 깊은 구덩이로 떨어지는 것이요,④

언제나 깨어 있어 매(昧)하지 않는 것은

쇠고랑을 차고 머리에 칼을 쓰는 것이요,⑤

선을 생각하고 악을 생각하는 것은

지옥과 천당이요,⑥

불(佛)이라는 견해와 법(法)이라는 견해만을 고집하는 것은

두 개의 철위산간(에 갇히는 것)이요,⑦

생각이 일어나는 즉시 이를 알아차리려는 것은

기괴한 짓을 하는 놈이요,⑧

부동의 자세로 앉아 선정을 닦는 것은

번뇌 망상을 피우는 것이다.⑨

앞으로 나아가면 (禪의) 이치에 미(迷)하고

뒤로 물러서면 (선의) 뜻에 어긋나며,⑩

나아가지도 않고 물러서지도 않는 것은

아직 숨이 끊어지지 않았으나 죽은 놈과 다름 없나니⑪

자, 일러보라. 어떻게 수행해야 하겠는가?

열심히 노력해서 금생에는 반드시 이 일[一大事]을 마쳐야 하나니

영겁 동안 남은 재앙을 더 이상 받지 않도록 하라.⑫

【 해설 】

무문은 시종일관 비판의 칼날을 마구 휘두르며 선수행자가 명심해야 할 좌우명[禪箴]을 말하고 있다. 망나니가 칼춤을 추듯 무문은 어디에나 비판의 칼날을 마구 휘두르고 있는데 이렇게 파주 일변도로만 치닫고 있는 무문의 저의는 무엇인가. 그것은 '선수행자는 그 어디에도 주착(住着, 집착)해서는 안 된다'는 것을 강조하기 위해서이다. 저 황금가루가 아무리 귀하다 해도 그것이 눈에 들어가면 눈병이 나는(金屑雖貴 落眼成瞖) 이치와 같다. 깨달음이, 부처가 아무리 위대하다 해도 그것에 주착하게 되면 그것이 걸림돌이 되어 더 이상의 진전이 불가능하기 때문이다. 무문의 이 선잠을 편의상 열두 단락⑫으로 나눈 다음 그 한 단락, 한 단락마다 간단한 해설을 붙이기로 한다.

①정해진 규칙만을 ~스스로가 얽매인 것이요: 형식적으로 좌선을 하는 것. 즉 무작정 앉아만 있는 것을 비판하는 대목이다.

②종횡으로 ~마군(魔軍)이며: 자유방임하는 것은 ①보다 더 나쁜 병폐이기 때문이다.

③마음을 맑은 물처럼~묵조사선((默照邪禪)이요: 마음의 정적과 청정만을 고수하는 것 역시 올바른 선(禪)이라고 볼 수가 없다.

④마음 내키는 대로 ~ 떨어지는 것이요: 어설픈 무애행(無碍行)을 흉내내는 것은 무지(無智)의 암흑으로 떨어지는 것이다.

⑤언제나 깨어 있어 ~ 머리에 칼을 쓰는 것이요: 언제나 깨어만 있는 것은 불매(不昧)의 쇠고랑을 차고 목에 칼(옛날식 형틀)을 쓴 것과 같다.

⑥선(善)을 생각하고 ~ 지옥과 천당이요: 선을 생각하면 천당이요, 악을 생각하면 그것이 곧 지옥이므로 수행자는 선악의 생각에 지나치게 붙잡히지 말아야 한다.

⑦불(佛)이라는 견해와 ~ 철위산간(에 갇히는 것)이요: 불견(佛見, 자기 자신 밖에서 佛을 찾음)과 법견(法見, 마음 밖에서 별도로 法을 찾음)은 영원히 벗어날 수 없는 두 개의 철위산간(무간지옥)에 갇히는 것이다.

⑧생각이 일어나는 즉시 ~ 하는 놈이요: 깨달음의 단계를 미리 설정해 놓고 생각이 일어나는 즉시 알아차리려는(念起卽覺) 의도적인 시도는 수행의 본질을 이해하지 못한 기괴한 짓이다.

⑨부동의 자세로 앉아 ~ 번뇌 망상을 피우는 것이다: 바윗돌처럼 앉아서 좌선수행만을 하는 것은 몸을 전혀 움직이지 못하는 송장과 같다. 이 역시 번뇌 망상의 차원에서 벗어나지 못한 것이다.

⑩앞으로 나아가면 ~ 뜻에 어긋나며: 앞으로 나아가서 깨달음을 구하는 것은 여기 인위 조작이 있기 때문에 선(禪)의 참뜻에 어긋나며 뒤로 물러서서 좌선만 하는 것 역시 타성에 젖어 있는 것이다.

⑪나아가지도 않고 ~ 죽은 놈과 다름없나니: 그러나 나아가지도 않고 물러서지도 않는 상태만을 고수하는 것은 아직 숨은 쉬고 있지만 죽은 놈[有氣死人]에 불과하다.

⑫자, 일러보라 ~ 남은 재앙을 더 이상 받지 않도록 하라: 우리를 향한 무문의 간곡한 당부다. 그 어디에도 주착하지 말고 오직 열심히 수행하라는 간곡한 말로 무문은 이 선잠을 끝맺고 있다.

황룡삼관(黃龍¹三關²)

我手何似³佛手오 摸得枕頭背後라가 不覺大笑呵呵니

元來通身是手라

我脚何似驢脚고 未擧步時踏着하니 一任四海橫行하며

倒跨⁴楊岐三脚⁵이라

人人有箇生緣⁶이니 各各透徹機先⁷이라 那吒⁸折骨還父니

五祖⁹豈藉爺緣¹⁰가

---

1 황룡(黃龍): 황룡혜남(~慧南, 1002~1069). 임제종 황룡파의 시조.

2 황룡삼관(~三關): 황룡이 제자들의 안목을 점검하기 위하여 제시한 세 개의 물음.

3 하사(何似): ~와 얼마나 같은가(닮았는가)?

4 도과(倒跨): 거꾸로 올라타다.

5 양기삼각(楊岐三脚): 양기의 세 발 당나귀. 양기방회의 선풍(禪風)을 대표하는 공안.

6 생연(生緣): 탄생의 인연. 부모의 연(~)을 빌어 태어남.

7 기선(機先): 일념미동(一念未動)의 상태.

8 나타(那吒): 나타 태자.

9 오조(五祖): 오조 홍인(~弘忍).

10 기자야연(豈藉爺緣): 어찌 아버지의 인연(야연)을 빌렸겠는가?

佛手驢脚生緣은 非佛非道非禪이라 莫怪無門關險할지니

結¹¹盡¹²衲子¹³深冤¹⁴가

瑞巖¹⁵近日有無門하야 掇¹⁶向繩床判古今이라

凡聖路頭俱截斷하니 幾多¹⁷蟠蟄¹⁸起雷音고

請無門首座立僧 山偈¹⁹奉謝²⁰. 紹定庚寅²¹季春無量(宗壽)²²書.

【 번역 】

내 손은 부처님 손과 비교해서 어떤가(我手何似佛手)? (제1관)

등 뒤에서 베개를 찾다가

나도 모르게 껄껄 웃나니

원래부터 내 몸 전체가 손이었네.

---

11 결(結): 번뇌.
12 결진(結盡): 누진(漏~). 번뇌가 소멸되다.
13 결진납자(~衲子): 수행이 깊어져 번뇌 망상이 소진된 수행자. 고참수행자(久參上士).
14 심원(深冤): ①원한이 깊다 ②몹시 원망하다. 여기선 ②의 뜻.
15 서암(瑞巖): 사명산 서암사(四明山 ~寺).
16 철(掇): 모으다. 간추리다.
17 기다(幾多): 얼마나 많은.
18 반칩(蟠蟄): 은거하다. 즉 '때를 기다리고 있는 수행자.'
19 산게(山偈): 산승(山僧 無量宗壽)의 보잘것없는 게송.
20 봉사(奉謝): 감사함을 표하다.
21 소정경인(紹定庚寅): 소정 3년(1230).
22 무량종수(無量宗壽): 무문혜개와 같은 시대에 살았던 임제종 계통의 선승.

내 발은 당나귀 발과 비교해서 어떤가(我脚何似驢脚)? (제2관)
발걸음 내딛기 전에 이미(대지를) 밝았나니
양기의 세 발 당나귀(楊岐三脚) 거꾸로 타고
온 누리를 마음대로 누비고 다니네.

사람마다 태어나는 인연이 있으니(人人有箇生緣), (제3관)
모두들 제각각 일념미동(一念未動)의 상태를 꿰뚫어보고 있네.
나타(那吒)는 뼈를 잘라 아버지에게 돌려줬나니
5조 홍인이 어찌 부친의 인연을 빌렸겠는가.

부처님 손, 당나귀 발, 그리고 태어나는 인연은 부처도 아니요 '도'
도 아니며, '선(禪)'도 아니니 이 『무문관』이 험난하다고 괴이하게 여기
지 말라. 고참 수행자들이여, 원망이 깊은가.

요즈음 사명산 서암사(四明山 瑞巖寺)에 무문 화상이 출세하여
선상에 앉아 고금의 공안을 모두 비판하고 간추렸네.
(그는) 범성(凡聖)의 길을 모두 절단해 버렸나니
얼마나 많은 수행자들이 우레 울리며 등천할 수 있겠는가.

무문 수좌를 입승으로 초청했는데 그것을 기념하기 위하여 이 보
잘것없는 산승의 계송(山偈)으로써 감사의 뜻을 표하는 바이다.

소정 경인년(紹定 庚寅年, 1230) 봄

【 해설 】

황룡삼관(黃龍三關)이란 무엇인가.

황룡혜남이 수행의 깊이를 가늠하기 위하여 수행자들에게 던졌던 세 개의 물음이다.

첫 번째 물음(第一關): 사람마다 태어나는 인연이 있으니 그대의 태어난 인연은 어느 곳에 있는가(上座生緣何處)?

두 번째 물음(第二關): 내 손과 부처님 손은 어떻게 다른가(我手何似佛手)?

세 번째 물음(第三關): 내 발은 당나귀 발과 어떻게 다른가(我脚何似驢脚)?

이 세 개의 물음(三關)을 보통은 줄여서 생연(生緣 ①), 불수(佛手 ②), 려각(驢脚 ③)이라고 한다. 그런데 무량종수(無量宗壽)는 이 황룡삼관을 불수(佛手), 려각(驢脚), 생연(生緣)으로 순서를 바꿔서 송을 읊고 있다. 송의 첫 구절(제1구)에 황룡의 물음을 놓고 나머지 세 구절(제2구, 제3구, 제4구)은 자신의 견해를 읊고 있다.

첫 번째 물음: 내 손과 부처님 손은 어떻게 다른가(我手何似佛手)?

내가 손을 사용할 때는 내 몸 전체가 손이 된다. 아니 온 우주가 손이 된다. 그러므로 내 손과 부처님 손은 다르지 않다.

두 번째 물음: 내 발은 당나귀 발과 어떻게 다른가(我脚何似驢脚)?

내가 걸어갈 때는 내 몸 전체가 발이 된다. 아니 온 우주가 내 발이 된다. 그러므로 내 발과 당나귀 발은 둘이 아니다.

세 번째 물음: 사람마다 태어나는 인연이 있으니 그대의 태어난 인연은 어느 곳에 있는가(上座生緣何處)?

무량종수는 나타 태자(那吒太子)와 5조 홍인(五祖弘忍)의 이야기를 예로 들어 이 세 번째 물음에 응답하고 있다. 그러나 굳이 이런 예를 들 필요 없이 이 물음에 단도직입적으로 대답한다면 이렇게 말할 수 있다. "내가 태어난 인연은 어느 곳에 있는가. 내가 태어난 곳은 어디인가. 저 구름 가는 곳과 흐르는 물길마다 내가 태어난 곳이요, 맑은 바람 밝은 달이 내 고향이다(行雲流水到處家 淸風明月是鄕關)."

무량종수는 『무문관』 48칙을 강설한 무문혜개에게 감사의 뜻을 표하기 위하여 이 황룡삼관의 송을 읊고 있다. 무량종수는 사명산 서암사(四明山 瑞巖寺)에 무문혜개를 초빙해서 이 『무문관』 강설을 주선했기 때문이다.

※양기의 세 발 당나귀(楊岐三脚): 양기방회의 선풍을 대표하는 공안으로써 다음의 문답에서 비롯되었다.

승: "부처란 무엇입니까?"

양기방회: "세 발 당나귀가 잘도 걷는다(三脚驢子蹄弄行)."

무량종수가 이 양기의 세 발 당나귀를 언급한 것은 무슨 뜻인가? 자기 자신과 무문혜개는 모두 양기방회의 선풍을 이은 후손이라는 것을 은연중에 암시하기 위해서이다.

※나타 태자(那吒太子) 이야기: 효성이 지극했던 나타 태자는 자신

의 뼈를 잘라 아버지에게 되돌려주고 살을 베어 어머니에게 되돌려 줬다. 그런 다음 본래의 몸[本身]을 나타내어 부모를 위해 설법했다고 한다. 『수신대전(搜神大全)』에 나오는 이야기다.

  ※5조 홍인(五祖弘忍) 이야기: 5조 홍인의 탄생 이야기다. 5조 홍인은 원래 재송도자(裁松道者)라는 노인이었는데 4조 도신(四祖道信)을 만나 제자가 되려 했으나 자신이 너무 늙었다는 것을 알았다. 그래서 한 처녀의 태내(胎內)로 들어가 독생자(獨生子)로 태어나서 4조 도신의 제자가 되었다고 한다. 『오등회원(五燈會元)』에 나오는 이야기다.

맹공의 발문(孟珙¹의 跋文)

達磨西來하야 不執文字하고 直指人心하야 見性成佛이니 說箇直指
라도 已是迂曲이라 更言成佛하면 郞當不少²라 既是無門이거니 因甚有
關고 老婆心切하야 惡聲流布라 無庵³欲贅⁴一語하야 又成四十九則이
니 其間些子誵訛⁵를 剔起眉毛⁶薦取하라 淳祐乙巳⁷夏重刊.

檢校少保寧武軍節度使 京湖安撫制置大使 兼屯田大使 兼夔路策
應大使 兼知江陵府漢東郡開國公 食邑二千一百戶 食實封陸佰戶

孟珙 跋

---

1   맹공(孟珙): 불교에 조예가 깊었던 무인(武人). 스스로를 무암 거사(無菴居士)라 칭
      했다. 『송사(宋史)』 권112에 그의 전기가 있다.
2   낭당불소(郞當不少): 낭패가 많다.
3   무암(無庵): 무암 거사 맹공(孟珙).
4   췌(贅): 덧붙이다. 모으다.
5   사자효와(些子誵訛): 약간의 잘못된 곳.
6   척기미모(剔起眉毛): 두 눈썹을 치켜뜨다.
7   순우을사(淳祐乙巳): 1245년 『무문관』 초간 후 15년째 되는 해(重刊 년도).

【 번역 】

달마가 서쪽(인도)으로부터 와서 문자에 집착하지 않고 바로 인심
(人心)을 가리켜서 견성성불을 하게 했나니 '직지(直指, 바로 ~을 가리키
다)'를 말하더라도 이미 우회한 것이다. 그런데 또다시 성불을 말한다
면 낭패가 적지 않다. 이미 문이 없거니(無門) 무엇 때문에 관(關)이 있
는가. 이는 (무문의) 노파심이 간절해서 (온 천하에) 나쁜 소문을 유포한
것이다. 나 무암(無菴)은 (여기『무문관』48칙에) 한마디[一言]를 덧붙여서
49칙을 만드나니 이 사이에 잘못된 곳을 눈썹을 치켜뜨고 잡아내라.

순우 을사(淳祐 乙巳, 1245) 여름 중간(重刊)

맹공(孟珙)이 발문을 쓰다.

【 해설 】

맹공의 발문에는 제법 선지(禪智)가 번뜩인다. "문이 없거니 뭣 때문
에 문이라 했는가(既是無門 因甚有關)?"라고 맹공을 일할을 하고 있는
데 이것이 바로『무문관』49칙에 해당한다.

맹공이 이 발문을 쓴 1245년은『무문관』초간(初刊 1230) 후 15년
째 되는 중간(重刊) 때이다.

안만의 발문(安晚¹ 跋)

無門老禪이 作四十八則語하야 判斷古德公案하니 大似²賣油餅 人이 令買家³開口接了更吞吐不得이라 然雖如是나 安晚欲就渠熱 爐熬⁴上에 再打一枚⁵하야 足成大衍之數⁶하야 却仍前送似⁷라

未知 老師가 從何處下牙⁸오 如⁹一口喫得하면 放光動地나 若猶 未¹⁰인댄 也連見在四十八箇가 都成熱沙去¹¹하리니 速道速道하라

第四十九則語

---

1 안만(安晚): 남송시대의 사람. 이종(理宗) 때 우승상(右丞相)직을 맡았다.
2 대사(大似): ~와 같다.
3 매가(買家): (기름떡을) 산 사람.
4 열로오(熱爐熬): 난로에 걸려서 뜨거워진 무쇠솥.
5 재타일매(再打一枚): (기름떡) 한 개를 다시 더 만들다.
6 대연지수(大衍之數): 숫자 '四十九'를 말함. 「주역」계사전(繫辭傳)에 나오는 말.
7 송사(送似): 보내주다(보여주다).
8 하아(下牙): 깨물어 먹다. 베어먹다.
9 여(如): 만약(若). 만일.
10 약유미(若猶未): 만일 그렇게 하지 못한다면.
11 열사거(熱沙去): 뜨거운 모래가 되다. '거(去)'→어조사.

經云[12]止止不須說我法妙難思라 安晚曰 法從何來며 妙從何有오
說時又作麼生고 豈但豐干饒舌[13]이리요 元是釋迦多口[14]라 這老子
造作妖怪하야 令千百代兒孫으로 被葛藤[15]纏倒[16]하야 未得頭出이라
似這般[17]奇特話靶[18]는 匙挑不上이요 甑蒸不熟이니 有多少錯認底[19]
인가 傍人問云호대 畢竟作如何結斷[20]고하면 安晚合十指爪[21]曰호대
止止不須說 我法妙難思라하고 却急去難思兩字上에 打箇小圓相
子[22]하야 指示眾人하리라 大藏五千卷과 維摩不二門이 總在裏許[23]라

　　頌曰. 語火是燈이나 掉頭[24]弗膺[25]이라 惟賊識賊이니 一問即承이
라 淳祐丙午[26]季夏初吉[27] 安晚居士 書于西湖[28]漁莊[29]

12　경운(經云): 『법화경』 「방편품」에 이르길….
13　풍간요설(豐干饒舌): 풍간이 비밀을 누설하다. 풍간은 천태산 국청사의 승으로서
　　한산습득(寒山拾得)과 친구였는데 여구윤(閭丘胤)에게 한산습득의 정체를 폭로했
　　다고 한다. 후세에는 이 말이 한 번 굴러서 다음의 뜻으로 쓰였다. '천기를 누설
　　하다, 비밀을 폭로하다.'
14　다구(多口): 말이 많다.
15　갈등(葛藤): 언어문자.
16　전도(纏倒): 걸려서 넘어지다.
17　사자반(似這般): 이와 같은.
18　화파(話靶): 이야깃거리. 여기선 『무문관』 48칙을 말함.
19　유다소착인저(有多少錯認底): 얼마나 많은 사람(多少)이 잘못 알고 있는가?
20　결단(結斷): 결말이 나다. 결론을 내리다.
21　합십지조(合十指爪): 합장하다.
22　타개소원상자(打箇小圓相子): 조그만 원(小圓相子)을 그리다(打箇).
23　총재리허(總在裏許): 모두 여기 있다.
24　도두(掉頭): (거부의 표시로) 머리를 내젓다.
25　불응(弗膺): 불응(不應), 응답하지 않다.
26　순우병오(淳祐丙午): 순우 6년(1246).
27　계하초길(季夏初吉): 음력 6월 1일.
28　서호(西湖): 중국 절강성 항주에 있는 호수. 이 호수 주변에 정자사(淨慈寺, 五山의
　　하나)가 있는데 여기서 영명연수(永明延壽)가 『종경록(宗鏡錄)』 100권을 집필했다.
29　어장(漁莊): 어촌(~村). 여기서는 '어촌에 있는 별장'을 말하는 듯함.

【 번역 】

　무문노선(無門老禪, 無門老師)이 48칙의 언어를 모아서 고덕(古德)의 공안을 (여러 각도에서) 비판했다. 이것은 마치 기름 떡을 파는 사람이 떡 사는 사람의 입에 가득 떡을 넣어줘서 삼킬 수도 뱉을 수도 없게 된 것과 같다. 그러나 나 안만(安晚)은 저 뜨거운 무쇠솥에 다시 기름떡 한 개를 더 만들어 넣어서 49개를 마저 채워서 (무문 노사의) 전례에 따라 세상에 보내(보여) 주고자 한다. 무문 노사는 도대체 (내가 만든 이 한 개의 떡을) 어느 곳부터 베어 먹어야 할지 알 수 있을까. 만일 (내가 만든 이 떡을) 한입에 먹을 수만 있다면 빛을 뿌리며 이 대지를 진동시킬 것이다. 그러나 그렇지 못한다면 현재의 기름떡 48개(『무문관』 48칙) 전체가 모두 뜨거운 모래가 되어버릴 것이니 속히 한 마디 일러보라.

　제49칙(第四十九則語)

　경(『법화경』 「방편품」)에 이르길 "더 이상 말하지 말라. 나의 가르침[佛法]은 미묘해서 생각으로 헤아리기 어렵다."고 했다. 나 안만은 말한다.
　그 가르침[佛法]은 어디서 왔으며 미묘함은 어디서 생겨났는가. 그 가르침을 말할 때는 또 어떻게 하는가. 어찌 풍간(豐干)만이 비밀을 누설했겠는가. 석가모니 부처는 원래부터 말이 많은 이다. 이 어르신이 기괴한 짓을 해서 천백 대 후손으로 하여금 언어문자에 걸려 넘어져서 자유롭지 못하게 했다. 그러므로 이같이 기괴하고 특이한 이야기

『무문관』 48칙]는 수저로 뜰 수도 없으며 (재론할 필요가 없으며) 시루에 쪄도 익지 않나니 (밥을 지을 수 있는 쌀이 아니거니) 얼마나 많은 사람이 (이를) 잘못 알고 있는가. 옆 사람이 묻기를 "그렇다면 결국 어떻게 결론을 내려야 하겠는가?"라고 한다면 나 안만은 열 손가락을 모아 합장하며 말할 것이다. "더 이상 말하지 말라. 나의 가르침[佛法]은 미묘해서 생각으로 헤아리기 어렵다(難思)." 이렇게 말한 다음 급히 '난사(難思)'라는 이 두 글자에 조그만 원(圓)을 그린 다음 사람들에게 (이렇게) 가리켜 보일 것이다.

"대장경 5천여 권과 유마의 불이법문(不二法門)이 모두 여기에 있다."

송왈(頌曰)

'불(火)이 곧 등불(燈)'이라고 말해 줘도
머리를 저으며 수긍하지 않네.
도적이라야 도적을 알아보나니
한마디 물으면 즉시 알아차리네.

남송 이종 순우 육년(南宋 理宗 淳祐 六年, 1246) 음력 6월 1일
서호의 어촌(西湖 漁村) 별장에서, 안만 거사(安晚居士) 씀.

【 해설 】

안만의 발문에도 그런 대로 거사다운 기백이 넘치고 있다. 그러나

발문치고는 약간 선을 넘었다는 인상을 풍긴다. 왜냐면 『무문관』의 저자인 무문혜개를 비판하는 듯한 어투로 문장을 전개해 나가고 있기 때문이다. 안만은 당시 우승상(右丞相)직을 역임했던 권력자요, 명사였기 때문에 이 발문을 부탁했던 것 같다. 『무문관』 48칙에 맹공의 공안과 안만의 공안을 합하면 모두 50칙이 되므로 엄밀히 말하자면 『무문관』은 48칙이 아니라 50칙이 되는 셈이다.

색인 목록

선시로 보는 무문관

ㅈ

ㅌ

선시로 보는 무문관

초판 1쇄 인쇄 | 2023년 1월 10일
초판 1쇄 발행 | 2023년 1월 20일

역주 해설 | 석지현

펴낸이 | 윤재승
펴낸곳 | 민족사

주간 | 사기순
기획편집팀 | 사기순, 김은지
홍보마케팅 | 윤효진
영업관리팀 | 김세정

출판등록 | 1980년 5월 9일 제1-149호
주소 | 서울 종로구 삼봉로 81 두산위브파빌리온 1131호
전화 | 02)732-2403, 2404 팩스 | 02)739-7565
홈페이지 | www.minjoksa.org
페이스북 | www.facebook.com/minjoksa
인스타그램 | www.instagram.com/minjoksa
이메일 | minjoksabook@naver.com

ⓒ 석지현 2023

ISBN 979-11-6869-028-8 03220